DUMONT EXTRA

Schottland

Für Mam
von
Ihrem Sohn
Wendelin
Muttertag 2001

Susanne Tschirner

Inhalt

Welcome! 4

Geschichte 10

Gut zu wissen 12

Feste & Unterhaltung 14

Essen & Trinken 16

Sport & Freizeit 18

Sprachführer 20

Reise-Service 22

Orte von A-Z 28

Extra-Touren 82

Extra-Tour 1 84
Whisky Trail – dem Wasser des Lebens auf der Spur

Extra-Tour 2 86
On the Borders – Geschichte in Moll im Walter Scott-Land

Extra-Tour 3 88
Reif für die Insel – over the Sea to Skye

Extra-Tour 4 90
Im Reich der Fische – die East Neuk in Fife

Extra-Tour 5 92
Bergeinsamkeit – die schönsten Regionen der Highlands

Impressum/Fotonachweis 94
Register 95

Welc

Connor MacLeod reitet mit fliegenden Haaren über die Brücke von Eilean Donan Castle, begleitet von einem Haufen wilder Hochlandgesellen im Schottenrock: 1986 drehte Russell Mulcahy den Kultfilm ›Highlander‹ mit Christopher Lambert in der Titelrolle. Mel Gibson mimt in ›Braveheart‹ mit ebenso langer Mähne den schottischen Nationalhelden William Wallace, der die Engländer 1297 bei

ome!

Stirling Bridge schlug und acht Jahre später in London ein gräßliches Ende fand. Und wenn in Bill Forsyths 1983 gedrehtem Klassiker ›Local Hero‹ Burt Lancaster als Manager mit viel Geld und wenig Zeit zu schottischer Gelassenheit findet, spielt eine rote Telefonzelle die tragende Rolle. Der Interessierte kann heute, assistiert von der vom Fremdenverkehrsbüro herausgegebenen movie map, die

Schottland

Land der "Highlands and Islands"

Filmschauplätze besuchen und den Mythos sozusagen vor Ort besichtigen: die trutzige ›Highlander‹- Burg Eilean Donan Castle im Loch Duich vor grandioser Bergkulisse, das National Wallace Monument am Fuß von Stirling Castle, die unter Denkmalschutz stehende Telefonzelle im winzigen Fischerort Pennan an der Nordküste von Grampian. Wer nach Schottland fährt, der hat den Highland-Mythos der markigen Clankrieger im karierten Rock im Hinterkopf und die Heldenballaden, die das Bild windumtoster Hochmoore heraufbeschwören.

Das Land ist für die meisten Menschen eine fest umrissene Größe. Freies Assoziieren würde karierte Stoffe (der Fachterminus lautet *tartan*), kilttragende Männer, Dudelsäcke, Clans, Whisky und – ungerechtfertigterweise – Geiz zutage fördern. Dieses Vorurteil mag aus dem strengen Ethos des Calvinismus, dem der Großteil der Schotten seit John Knox anhängt, zu erklären sein. Tatsache ist, daß sich die Menschen in diesem unfruchtbaren, rauhen Land ihren Lebensunterhalt immer hart erarbeiten mußten; für Verschwendung war da kein Platz.

Eine wichtige Rolle spielt im Film wie in den Träumen der Schottland-Touristen die größtenteils intakte Natur. Die typischen langgestreckten, tiefen Seen wurden von der Eiszeit geformt: *sea lochs* mit Verbindung zum Meer wie Loch Broom oder Loch Linnhe, die tief in die karge Bergwelt des Hochlands einschneiden, und Binnenseen wie Loch Lomond oder der weltweit bekannte ›Monstersee‹ Loch Ness. Die Berge sind größtenteils von Heidemooren bedeckt; ihre Leitpflanze, das Heidekraut, hüllt sie im Herbst in ein auberginefarbenes Gewand. In Frühling und Sommer verwandelt sich der Machair, die Salzmarschen des Westens, in ein buntes Blumenmeer. Grasnelken bilden weiche rosafarbene Polster auf den grauen Felsen, es blühen der leuchtendgelbe, nach Kokos duftende Stechginster, die lilafarbenen Rhododendron-Wälder, Weißdornhecken, blaue Traubenhyazinthen, Fuchsiensträucher, Disteln – die schottische Nationalpflanze – und gelbe Schwertlilien.

Schottland ist ein Paradies für Besucher, die einen naturnahen, erholsamen Urlaub verbringen wollen; man kann wandern, rad-

Grandios und einsam: in den Highlands lebt der Mythos Schottland

fahren, angeln, golfen, jagen oder eine Wassersportart betreiben. Über 10000 km ist die gezackte Küstenlinie lang: senkrecht abfallende Felsklippen, an denen sich die Wellen von Atlantik und Nordsee brechen, kilometerlange, einsame Sand- oder Korallenstrände mit geschützten Badebuchten, sanft ins Wasser abfallende grüne Hänge, auf denen die für das schottische Landschaftsbild obligatorischen Schafe weiden.

Klippen, die Salz- und Sandmarschen der Flußmündungen und die vielen Binnenseen sind Brutstätten für eine Vielzahl von Vögeln wie Möwen, Gänse, Trottellummen, Tölpel, Kormorane, Austernfischer oder die possierlichen Papageitaucher – ein Eldorado für Hobby-Ornithologen, die man überall, bewaffnet mit Feldstecher und Teleobjektiv, antrifft. Auf Bootstouren kann man Wale, Delphine und Seehunde beobachten, in den klaren Flüssen Lachse springen sehen, auf Wanderungen Eichhörnchen, Moorhühner, Rotwild und, wenn man Glück hat, eine scheue Wildkatze oder einen Adler entdecken – die Landschaft bietet dem Besucher viel.

Natur- und Kunsterlebnis sind in Schottland eng miteinander verbunden. Prähistorische Denkmäler wie Cairns, Steinkreise, eisenzeitliche Fluchtburgen, Brochs, Hügelforts oder Piktensteine liegen in verlassenen Moorgegenden, meist bei Tag und – wenn man will – bei Nacht mit einer kleineren Wanderung zu erreichen. Von romantischen Friedhöfen mit alten Grabsteinen und rauschenden Baumriesen umgeben, versetzen gotische Kirchen und Abteien, seit Reformation und Säkularisation nahezu allesamt Ruinen, den Besucher in längst vergangene Zeiten. Und die spätmittelalterlichen Clanburgen der *tower houses*, die oft nur aus einem massiven Steinturm bestehen, oder die prächtigen Adelsschlösser und Herrensitze – ob im türmchen- und erkergeschmückten Baronialstil des 17. Jh., im eleganten georgianischen Stil des 18. Jh. oder im mittelalterverliebten neogotischen Stil des 19. Jh. –, sie alle ziehen ihren besonderen Reiz aus der Lage inmitten schroffer Hochlandberge, sanfter Weidehügel oder auf steilen Meeresklippen. Oft sind sie von duftenden Gärten

Hüpfen für Schottland auf dem Military Tattoo in Edinburgh

und weitläufigen Parks umgeben, durch die markierte Spazier- und Wanderwege führen. Daß man in vielen dieser Herrenhäuser – und gar nicht selten sogar erschwinglich – in *four-poster beds* schlafen und edel speisen kann, ist ein weiteres unschätzbares Plus.

Doch Alba, wie das Land im Mittelalter hieß – die schottische Rockgruppe Runrig betitelte so ihre ›Nationalhymne‹ –, besteht nicht nur aus den Highlands. An der Grenze zu England liegen die Lowlands, die südlichste der drei geographischen Großregionen, ein sanftes, hügeliges bis flaches Land, wo Viehzucht und Ackerbau betrieben werden. Die fast mediterran anmutende Solway-Küste bei Dumfries und Kirkcudbright oder die lieblichen Borders mit einer Fülle historischer Denkmäler und Walter-Scott-Reminiszenzen sind weniger bekannte und ebenfalls reizvolle Feriengebiete, die man den Besuchern aus *continetal Europe* nicht genug ans Herz legen kann.

Zwischen Lowlands und Highlands haben wir schließlich den Central Belt, das mittelschottische Tiefland. Hier, um die Meeresarme Firth of Clyde und Firth of Forth, die das Land tatsächlich wie ein Gürtel einschnüren, liegen die fruchtbarsten, meist mit riesigen Monokulturen wie Mais bestellten Ackerbauflächen, die großen Städte und die großen Industrien. Wer ein rückständiges Agrarland erwartet, wird hier eines Besseren

belehrt. Die junge, dynamische Kulturszene von Glasgow und Edinburgh, die Universitäten sowie das nicht nur zu Zeiten der internationalen Festivals boomende Nachtleben mit Theatern, Konzerten, Restaurants und Pubs von Rang hat unbestritten Weltstadtflair. Der Niedergang von Bergbau und Stahlindustrie hat die Region allerdings schwer getroffen und die Kluft zwischen Arm und Reich erschreckend vergrößert. Hohe Arbeitslosigkeit und städtische Problemzonen machen besonders Glasgow zu schaffen. Der wirtschaftliche Trend geht wie überall weg von der Schwerindustrie und hin zu Dienstleistung und Hochtechnologie. Daneben sind der internationale Finanz- und Versicherungssektor, die Lebensmittelindustrie – allem voran Lachs und Whisky! – und vor allem der Tourismus stabile wirtschaftliche Standbeine.

Welche Bilder auch immer man auf einer Reise nach Schottland mit sich trägt, eines wird man neben der unverwechselbaren Landschaft, den Burgen und Metropolen auf jeden Fall antreffen: freundliche und aufgeschlossene Menschen, die den Besucher herzlich willkommen heißen.

Lage	Zwischen dem 54. und 61. Grad nördlicher Breite, etwa auf gleicher Höhe wie Südgrönland.
Größe	78 783 km², das ist ein Drittel der britischen Gesamtfläche.
Bevölkerung	5 Mio. – das ist ein Elftel der britischen Bevölkerung –, wobei 80% der Schotten im Central Belt leben. Schottland gehört zu einem der am dünnsten besiedelten Länder Europas.
Entfernungen	Das Festland hat eine maximale Nord-Süd-Ausdehnung von 440 km und eine maximale Ost-West-Ausdehnung von 248 km. Kein Ort liegt mehr als 64 km vom Meer entfernt.
Inseln	Von den rund 800 Inseln sind 130 bewohnt.

Geschichte

›Nationalinstrument‹ Dudelsack

Um 6000 v. Chr.	Steinzeitliche Jäger und Sammler wandern vom Kontinent her ein.
um 4200 v. Chr.	Neolithische Revolution, die Ackerbau, Töpferei und Seßhaftigkeit mit sich bringt.
um 2500 v. Chr.	Blütezeit der Megalithkultur, vor allem auf den Orkneys und Hebriden: Cairns und Steinkreise.
ab 800 v. Chr.	Einwanderung keltischer Völker.
um 80 v. Chr.	Die Römer dringen nach Schottland vor, können sich aber nicht dauerhaft behaupten.
120 n. Chr./ 142/143	Als Bollwerke gegen die Skoten entstehen der Hadrianswall zwischen Tyne und Solway und der Antoninuswall zwischen Firth of Forth und Firth of Clyde.
ab 3. Jh.	Die Pikten beherrschen das Land. Sie hinterlassen wenig mehr als die faszinierenden und rätselhaften Piktensteine mit Symbolen und Tierdarstellungen.
1057	Macbeth wird von Malcolm III. (1058–93), dem Gründer der Dynastie der MacMalcolms, getötet. Unter Malcolm und seiner Frau Margaret gewinnen das Lehnswesen englischer Prägung und die katholische Kirche an Einfluß.
1174	William I. muß im Vertrag von Falaise dem englischen König Heinrich II. den Lehnseid schwören. Hieraus leitet England seinen Hoheitsanspruch über Schottland ab.

ab 1290	Die MacMalcolm-Dynastie stirbt aus. In dem folgenden Thronfolgestreit versucht England, sich Schottland einzuverleiben, das sich in den Unabhängigkeitskriegen wehrt.
1314	Robert the Bruce, Schottlands Nationalheld, besiegt die Engländer bei Bannockburn.
1542–87	Maria Stuart wird im Alter von einer Woche Königin von Schottland; 1568 flieht sie nach England, wo sie nach 19jähriger Gefangenschaft von Elizabeth I. hingerichtet wird.
1560	Die schottischen Adligen etablieren unter der Führung von John Knox die Reformation in Schottland.
1707	Unter Königin Anne kommt es zur Union der schottischen und englischen Krone, das schottische Parlament wird aufgelöst.
1715/45	Die erste Erhebung der Jakobiten, der Stuart-Anhänger, wird niedergeschlagen. 30 Jahre später führt Prince Charles Edward Stuart, genannt Bonnie Prince Charlie, die schottischen Unzufriedenen zu einer zweiten, zunächst erfolgreichen Erhebung, wird aber ein Jahr später bei Culloden von den Engländern besiegt.
18./19. Jh.	Die Großgrundbesitzer vertreiben in den sogenannten Clearances Hunderttausende Bauern von ihrem Land, um Platz für die profitablere Schafzucht zu schaffen.
1883	In den Crofters' Wars kämpfen Schottlands abhängige Kleinbauern für bessere Lebensbedingungen.
1969	Der Erdölboom an der Nordseeküste beginnt.
1996	Der schottische Krönungsstein, der Stone of Scone, wird in einer großen Zeremonie nach über 700 Jahren von England an Schottland zurückgegeben.
1999	Nach fast 300 Jahren hat Schottland wieder ein eigenes (Regional-)Parlament. Die Schotten haben sich für *devolution* entschieden: Selbstverwaltung und Dezentralisierung, ja, Loslösung von Großbritannien, nein. Das Wahlergebnis: Donald Dewar von New Labour koaliert mit den Liberaldemokraten, die SNP ist zweitstärkste Partei.

Gut zu wissen!

BSE: Unter Großbritanniens und ergo auch Schottlands Rindern grassiert die Seuche BSE (Bovine Spongiforme Enzephalopathie). Jüngste wissenschaftliche Studien, z. B. eine vom ›Independent‹ veröffentlichte der University of Edinburgh, scheinen bewiesen zu haben, daß BSE-verseuchtes Rindfleisch beim Menschen die unheilbare Creutzfeldt-Jakob-Krankheit auslöst. Vom Verzehr von Rindfleisch in Großbritannien ist demnach dringend abzuraten. Dies gilt nicht nur für das vielgepriesene Steak der Hochland- und Aberdeen-Angus-Rinder, sondern besonders für verarbeitete Produkte und ›verstecktes‹ *beef*: Rinderkraftbrühen, Bolognese-Sauce zu Spaghetti und in Lasagne und vor allem Burger, für die oft das minderwertige, besonders gefährdete Fleisch an Kopf und Knochen abgekratzt wird. Aber die schottische Speisekarte macht jedem Besucher den Verzicht leicht. Meeresfrüchte, Fisch (auf Billigebene Fish 'n' Chips), Wild, Geflügel, Schwein, Lamm und die immer öfter angebotenen vegetarischen Gerichte sind ein mehr als gleichwertiger Ersatz für Steaks.

Nationalgefühl: Bezeichnen Sie einen Schotten *nie* als ›Engländer‹. Schotten unterscheiden sich von den Engländern genauso wie Waliser und Nordiren, und zwar ganz entschieden; wenn überhaupt, akzeptieren sie die Bezeichnung ›Briten‹. Eine ›Nation ohne Land‹ hat man die Schotten genannt, die ihre nationale Autonomie endgültig mit dem Unionsvertrag von 1707, ihr Nationalgefühl jedoch nie verloren haben. Obwohl es in Schottland keine gewaltbereiten nationalistischen Organisationen gibt, sitzt das Ressentiment gegen den *auld enemy* England tief. Das Sammelbecken der separatistischen nationalen Strömungen ist die linke fortschrittliche Scottish National Party, kurz SNP, die namhafte Schotten wie Sean Connery als Zugpferde gewinnen konnte. Seit 1999 wird über Gesundheits-, Sozial- und Erziehungswesen sowie Stadtplanung nun erstmalig vor Ort in Edinburgh und nicht mehr in London entschieden.

Please wait to be seated: Bitte warten Sie im Restaurant, bis man Ihnen einen Platz zuweist. Meist herrscht die schöne Sitte, daß man zunächst vors Kaminfeuer in die Lounge oder Bar gebeten wird und dort bei einem Gin Tonic in aller Ruhe die Speisekarte *(menu)* studiert. Ein Viertelstündchen später führt man Sie dann an den gedeckten Tisch im Speisesaal.

Gentlemanlike am Steuer: In den dünn besiedelten Gebieten des Hochlandes gibt es oft nur einspurige Straßen, *single-track roads*. Wer von den beiden einander entgegenkommenden Fahrzeugen einem Ausweichplatz, einem *passing place*, am nächsten ist, fährt links ran und läßt den anderen vorbei. Freundliches Grüßen gehört zum guten Ton, Parken auf dem *passing place* ist tabu. In ganz Großbritannien wird links gefahren und rechts überholt. Fahrzeuge im Kreisverkehr *(roundabout)* haben Vorfahrt. Höchstgeschwindigkeit in geschlossenen Ortschaften ist 48 km/h, auf zweispurigen Straßen 96 km/h, auf mehrspurigen 112 km/h (1 m = 1,6 km).

Shopping: Die mit beliebtesten Mitbringsel sind wohl Strick- und Webwaren. In den Wollfabriken der Borders und in Läden vor allem im Westen des Landes kann man Pullover, Handschuhe oder Decken kaufen. Auf alle Fälle sollte man sich einen Single Malt Whisky einer nicht ganz so gängigen Marke mitbringen – Glenfiddich bekommt man auch im Duty-free-Shop. In einem Einkaufskorb ›A Taste of Scotland‹ könnten stecken: Walkers' Shortbread, schottischer Wildlachs, Baxter's Marmelade, eine Flasche Brombeerwein, ein Glas des köstlichen MacDonald Chutney, eine Packung Oatcakes, ein Farmhouse-Cheddar. Jagd-, Angel-, Golfsportler und Barbour-Coat-Fans können sich in den hiesigen Fachgeschäften häufig preiswerter einkleiden als in der Heimat, doch das exklusive Vergnügen ist und bleibt teuer. Schön Getöpfertes und Schmuck gibt's vor allem im Westen und Norden.

Small talk

Die meisten Schotten sind freundlich und aufgeschlossen. Die Bedienungen in den Restaurants, Menschen im Pub und besonders die B & B-Wirtinnen verwickeln den Urlauber gern in kleinere Gespräche. Hauptthema ist das Wetter, das sich als *fine* (die Wolkendecke ist mehrmals aufgerissen) über *not so bad* (es hat nicht nur geregnet) bis zu *tomorrow it's going to be fine* (Hoffnung bleibt immer) präsentiert. Dabei ist das Wetter kein Verlegenheitsthema wie im kontinentalen Europa, sondern echtes Anliegen mit Tradition. Extensives Klagen über den Regen ist nicht angebracht, Humor kommt immer an. Wer ein bißchen Englisch versteht, dem erzählen die Kassenwärter und *guardians* an den Monumenten und in den Museen oft historische Anekdötchen, die witzig und aufschlußreich sein können. Auf die Frage, wie einem Schottland gefällt, gibt man eine begeisterte Antwort. Es bleibt beim Small talk, und tiefschürfende Erörterungen oder kritische, politisch korrekte Bemerkungen zu Umwelt, Europa oder BSE sind eher unerwünscht.

Feste & Unterhaltung

Feste

Hogmanay: Silvester ist bei den Schotten beliebter als Weihnachten. Jeder schaut bei Freunden und Bekannten vorbei, und das traditionelle *footing* ist Neujahr noch längst nicht vorbei. Edinburghs Hogmanay wird besonders ausgiebig gefeiert: ein dreitägiges Spektakel mit Straßenfesten auf den beiden Hauptachsen Royal Mile und Princes Street.

Burns Supper: Am 25. Januar, am Geburtstag von Robert Burns, wird überall im Land Haggis mit viel Whisky heruntergespült und Burns' Ode ›To a Haggis‹ rezitiert – eine gesellschaftliche Verpflichtung.

Festivals

Celtic Connections: In Glasgow treffen sich im Januar auf diesem zwei Wochen dauernden Festival der keltischen Musik und Kultur internationale Folkgrößen, auch aus dem Bruderland Irland.

Spirit of Speyside Whisky Festival: Neues Festival rund um den Whisky, April, Speyside-Region.

Mai/Anfang Juni: Im Frühsommer werden in Perth und verschiedenen Orten von Dumfries und Galloway Kunstfestivals veranstaltet.

St. Magnus Festival: Im Juni findet auf den Orkneys Schottlands zweitgrößtes Musik-, Literatur- und Tanzfestival statt – eine intimere Alternative zum Rummel des publikumsstarken Edinburgh International Festival im August.

Common Ridings: In verschiedenen Orten der Borders reiten im Frühling bzw. Frühsommer farbenprächtig verkleidete Bürger die Grenzen ihrer Städte, der *royal burghs* ab, eine Erinnerung an mittelalterliche Bürgerwehren und Bürgerstolz.

Royal Highland Show: Auf Schottlands größtem Einzelevent im Juni auf dem Ingliston Show Ground, Edinburgh, feiert die schottische Landwirtschaft sich selbst: Ausstellungen und Prämierungen von Schaf, Rind und Co. wollen jährlich 150000 Besucher, fast ausschließlich *locals,* sehen.

Highland Gatherings: Seit dem 19. Jh. finden Juni bis September in den Highlands und mittlerweile auch außerhalb derselben die spöttisch ›Hochland-Olympiaden‹ genannten Volksfeste statt. Stämmige schottische Mannsbilder in T-Shirt und kariertem Rock werfen Hämmer, Steine, Eisengewichte und, als Königsdisziplin, Baumstämme *(tossing the caber)*, und das hoch, weit oder schön; außerdem laufen, springen und ziehen sie mannschaftsweise am Tau.

In den Pausen zwischen den sportlichen Wettkämpfen ziehen Musikgruppen mit Dudelsack und Trommeln, *massed pipes and drums*, durchs Stadion. Die Mädels messen sich im Tanzen und Steppen, z. B. im *Highland fling.*

Edinburgh International Festival of Music and Drama

Seit 1947 ist Schottlands Hauptstadt im August Austragungsort des Kultur-Megaspektakels Edinburgh International Festival. Orchester, Theater-, Ballett- und Opernensembles sowie Einzelinterpreten, die internationale Crème de la Crème, geben sich hier ein Stelldichein. Die Stadt scheint aus allen Nähten zu platzen, und wer nicht vorbestellt hat, hat das Nachsehen. Aus einem spontanen Straßentheater erwuchs das mittlerweile institutionalisierte Fringe Festival: Jongleure, Pantomimen, experimentelles und avantgardistisches Theater auf allen Plätzen und Straßen und in allen verfügbaren Räumlichkeiten der Stadt. Ein Film- und ein alle zwei Jahre stattfindendes Buchfestival sowie das Military Tattoo komplettieren das Festmenü. Dieser ›Militärische Zapfenstreich‹ findet abends drei Wochen lang vor den effektvoll angestrahlten Bastionen des Castle statt. Militärkapellen, Tanzensembles und Akrobaten aus aller Welt treten auf. Jedes Jahr steht die Mammutveranstaltung unter einem anderen Motto.

Das größte und renommierteste dieser Treffen findet am ersten Samstag im September in Braemar am Dee statt.

Jedes Jahr beehrt die Königin das Braemar Gathering und verteilt Preise und huldvolle Worte an die siegreichen *heavyweights*.

Aberdeen Alternative Festival: Im Oktober gibt es Musik in allen Stilrichtungen von Rock über Jazz bis Folk in Aberdeen und Umgebung zu hören.

Specials

Music Nightly: Das ganze Jahr über, verstärkt in der Saison, kann man in vielen Pubs Live-Musik erleben. Die Ceilidhs, gälisch für Zusammenkunft, beginnen meist spät, selten vor 21 Uhr. Manchmal handelt es sich um spontane *jam sessions*, manchmal um vom Wirt verpflichtete Interpreten. Geboten wird Folk, aber auch Rock, Pop oder Country. Schilder in den Fenstern des Pubs kündigen die Musikabende an.

Ghost Walks: Da Schottland das Land der Geister und Gespenster ist, kann man diese auch – natürlich nur nachts – vielerorts besuchen. Edinburgh, das sich manch finsterer und famoser Verbrechen rühmt (Dr. Jekyll/Mr. Hyde wohnte hier!), hat bei der Vermarktung eine Vorreiterrolle gespielt. Auch viele Schlösser und Burgen haben ihre exklusiven *spooks*, denen man organisiert auf Führungen oder privat auf gruseligen Nachtwanderungen nachstellen kann.

Essen & Trinken

The Scottish world of food

Zuerst die gute Nachricht: Man kann mittlerweile in Schottland ausgezeichnet essen. Das größte Plus der schottischen Küche, die frischen Zutaten aus dem Land wie köstliche Meeresfrüchte, Wild, Wildgeflügel oder Lamm, werden immer öfter auf phantasievolle, französisch oder fernöstlich beeinflußte Art zubereitet. Typische Speisekartenangebote sind z. B. Räucherlachs oder Räuchermuscheln, Fischmousse oder -terrine, Krabbenklauen in Knoblauch, Engelbarsch *(monkfish)*, Heilbutt *(halibut)* oder Steinbutt *(turbot)* in einer *beurre blanc*, Hirsch mit süßlicher Sauce und Früchten, Lamm mit Rosmarin, Steaks, Hühnerbrust *(supreme of chicken)* mit Estragonsahne, Forelle *(trout)* mit Mandeln, *tartes* mit Äpfeln oder Beeren. Nun die schlechte Nachricht: Den größten Anteil macht noch immer die einfallslose, traditionelle britische Einheitskost aus – ungesalzen-wässeriges Gemüse, Steak oder fettiges Fleisch und Fritten. Die richtige Restaurantwahl ist somit für den Gourmet lebenswichtig.

Pub Grub

Als Faustregel kann gelten: Gut ißt man meist in den Restaurants der **Country-House-Hotels,** bei den **Ketten** ›Crannog‹ (relativ preiswertes, frisches *seafood* in nüchternem Ikea-Ambiente) und ›Pierre Victoire‹ (preiswerte, informelle französische Bistroküche) sowie in den der Vereinigung ›A Taste of Scotland‹ angeschlossenen Restaurants; ihr Signet ist eine dampfende Suppenterrine. Meeresfrüchte speist man natürlich besonders gut und frisch in den meisten Hafen- oder küstennahen Orten.

Einen preiswerten Lunch (Mittagssnack) bekommt man in den meisten **Pubs.** Das bei den Schotten beliebte *pub grub* (›Pub-Futter‹) ist oft traditionell und liegt, wie bei Spaghetti oder Pizza mit Pommes nicht anders zu erwarten, schwer im Magen. Die Cafeterien und **tea rooms** der Museen und Sehenswürdigkeiten sind mittags mit Pasta, Salaten, Quiches und kleinen Gerichten eine preiswerte und schmackhafte Alternative, besonders für Vegetarier. Eine Alternative zum nicht billigen Hotel-Restaurant ist die Hotel-Bar, die meist die gleiche Küche wie das Restaurant hat, aber einfachere, kleinere Speisen anbietet.

Supper's ready

Der Tag beginnt für Touristen – die Briten behalten sich dies für Sonn- und Feiertage vor – mit dem üppigen **cooked breakfast.** Dazu gehören Obstsaft oder Grapefruit, Müsli oder Porridge, dann Räucherspeck, Grilltomate und -pilze, die fast fleischfreien, gewöhnungsbedürftigen Würstchen und Spiegelei sowie hinterher Toast mit Orangenmarmelade (*marmelade*, die rote heißt *jam*); dazu trinkt man Tee.

Ein **afternoon tea** *(tea house, coffee house)* beweist, daß die Schotten Meister des kleinen Hartgebäcks sind, das es mit Karotten, Ingwer, Schokolade, Kokos u.v.m. gibt. Von England übernommen sind die *scones*, kleine runde Brötchen mit und ohne Rosinen, die aufgeschnitten und mit (gesalzener) Butter oder *double cream* und roter Marmelade bestrichen werden. Eine ebenfalls angelsächsische Tradition ist der gegen 17/18 Uhr eingenommene **high tea,** zu dem Kuchen, Sandwiches und warme traditionelle Tellergerichte serviert werden.

Das schottische Nationalgericht, **Haggis,** besteht aus Innereien mit Hafermehl im Schafsmagen, traditionell serviert mit *tatties and neeps*, Kartoffeln und Rüben. Selbst vielen Schotten graut es vor dem »großen Oberhaupt des Preßwurst-Clans« (Robert Burns), das man angeblich nur mit viel Whisky ertragen kann. Probieren Sie ihn am besten in einem wirklich guten Restaurant, wo er scharf gewürzt, im Teigmantel oder auch vegetarisch zu haben ist.

Kleines kulinarisches Alphabet

bacon	(Frühstücks-) Speck
bannock	süßes Brötchen
beef	Rind
black pudding	Blutwurst
cereals	Müsli, Getreideflocken
clapshot	Kartoffel-Rüben-Püree
cock-a-leekie	Suppe mit Hühnerfleisch, Lauch, Backpflaumen
crab	Krebs, Krabbe
cranachan	Dessert aus Sahne und Haferschrot
cullen skink	Räucherfischsuppe
duck	Ente
fish 'n' chips	Backfisch mit Fritten
fried egg	Spiegelei
fudge	Toffee
haggis	mit Innereien und Hafermehl gefüllter Schafsmagen
hare	Hase
kipper	Räucherhering
lamb	Lamm
lobster	Hummer
mussel	Miesmuschel
oatcake	Haferkeks
oyster	Auster
pheasant	Fasan
pork	Schweinefleisch
porridge	Haferbrei
salmon	Lachs
sausage	(Frühstücks-) Würstchen
scallop	Jakobsmuschel
scone	süßes Brötchen
scotch broth	Graupen-Gemüsesuppe/-eintopf
scrambled egg	Rührei
shortbread	Mürbegebäck
side dishes	Beilagen
smoked ...	geräucherter ...
smokie	Räucherfisch
venison	Hirsch
white pudding	Preßsack

Sport & Freizeit

Zu den hier aufgeführten Sportarten gibt das STB (s. S. 22) Broschüren mit Adressen und Tips heraus.

Angeln

Angeln ist die klassische Freizeitbeschäftigung im Land der großteils sauberen Gewässer. Königsdisziplin ist das **Lachsfischen,** das von Februar bis Oktober Saison hat. Die beliebtesten der über 200 Lachsflüsse sind Spey, Tay, Tweed und Dee, wo man für die Angellizenz schon mal vierstellige Beträge zahlen muß. Auch für weniger bekannte Seen und Flüsse muß eine **Angelgebühr** ab 5 £ aufwärts pro Tag an den Grundbesitzer entrichtet werden; dies kann man in Touristenbüros, Lebensmittelläden, Hotels, Postämtern, Angelgeschäften tun. Oft lohnt sich ein Pauschalangebot in einem Hotel, das Angelgebühr und Leihausrüstung beinhaltet.

Golfen

Die meisten der 470 Golfplätze im Heimatland des Golf sind auf Gäste eingestellt. Ein Telefonat oder eine schriftliche Reservierung beim *secretary* des gewünschten Clubs reicht meist, ein Handikap-Zertifikat und ein Empfehlungsschreiben des Heimatclubs sind hilfreich. Die kleinen kommunalen Plätze nehmen ab 10 £ Tagesgebühr, die berühmten Privatclubs über 25 £: Golf ist in Schottland günstiger als auf dem Kontinent. Dezente, gediegene Kleidung wird vor allem im Clubhaus gern gesehen und teilweise sogar verlangt.

Radfahren

Durchs Hochland für trainierte Biker, für weniger Fitte die flacheren Küsten von Solway, die Vier-Abteien-Route in den Borders oder das mit vielen Radwegen erschlossene Fife. In den letzten Jahren hat Schottland ein Netz von Radwanderwegen erhalten. Infos über Routen, Vermieter (pro Tag 5–20 £), Werkstätten, Transport mit öffentlichen Verkehrsmitteln etc. erteilt Sustrans, 53 Cochrane St., Glasgow G1 1 HL, Tel. 0141/572 02 34, Fax 552 35 99. Die ›Bike Bus Company‹ in Edinburgh, Tel. Fax 0131/229 62 74, bietet

Als Lachsfischer am Tweed hat man Geld, Gummizeug und Ehrgeiz

einen Bus- und Radtransportservice, Ausflüge und Touren.

Wandern

Vielleicht die schönste Art, Schottlands grandiose Natur kennenzulernen. Beachten Sie den *country code*: Gatter wieder schließen, kein offenes Feuer entzünden, keinen Abfall hinterlassen, Rücksicht auf Tiere und Pflanzen, auf den markierten Wegen bleiben. Einen Ranger-Service mit geführten Wanderungen bietet Scottish Natural Heritage, Tel. 01 31/ 447 47 84. Kompaß, feste Schuhe, warme, regendichte Kleidung und Wasservorrat sind Pflicht – die Berge sind zwar nicht alpin, doch plötzliche Wetterumschwünge sind extrem gefährlich. Neben zahlreichen kleinen Wanderungen bzw. Spaziergängen, zu denen die lokalen Touristenbüros Infos bereithalten, gibt es drei Langstreckenwege: den vielbegangenen **West Highland Way** von Glasgow nach Fort William (153 km), den **Speyside Way** von Tomintoul nach Spey Bay entlang des Spey durch die Grampians (77 km) und den **Southern Upland Way** von Portpatrick an der West- bis Cockburnspath an der Ostküste (341 km).

Unternehmungen mit Kindern

Schottland ist geradezu ideal, um mit Kindern zu verreisen. Spezielle Attraktionen wären etwa das **Museum of Childhood** in Edinburgh (42 High St., Mo–Sa 10– 17 Uhr) oder das **Museum of Education** in Glasgow (225 Scotland St., Mo–Sa 10–17, So 14–17 Uhr), ein Schulmuseum im Mackintosh-Gebäude mit Mal- und Spielkursen für Kinder; **Highland Wildlife Park,** Kincraig (s. S. 32) und **Blair Drummond Safari and Leisure Park** (D 8; April–Okt. 10–17.30 Uhr): Safari-Tierpark mit Schimpanseninsel, dressierten Seelöwen und jeder Menge Vergnügungen und Spielplätzen à la Phantasialand. Immer Spaß machen **Bötchentouren** zu Seehunden und Wasservögeln in Fort William (s. S. 48f.) und Dunvegan auf Skye (s. S. 89).

Sprachführer

In Schottland haben Sie es mit drei Sprachen zu tun. Umgangssprache ist ein hartes, gutturales Englisch mit einem deutsch klingenden Akzent, das etwas Einhören erfordert. Die Schotten sind selbst für nicht besonders gelungene Versuche, Englisch zu sprechen, freigiebig mit Komplimenten – also keine Angst. Das Scots mit 50000 eigenen Vokabeln wäre fast eine eigenständige Sprache geworden. Wenn Sie z.B. Burns lesen, merken Sie, daß das Schulenglisch nicht reicht: bonny heißt hübsch, tolbooth Rathaus, kirk Kirche, mercat cross Marktkreuz und ein wee dram ist ein kleines Schlückchen Whisky. In den Highlands wurde bis ins 19. Jh. und wird noch heute von etwa 70000 native speakers Gälisch gesprochen, wohl leider eine sterbende Sprache. Gälisch findet man vor allem in den Ortsnamen wieder.

Ortsnamen und Ortsnamenbestandteile

Berg	ben
steiler Berg	tor
Berg über 3000 Fuß	munro
Binnensee	loch

Bucht	oban
Dorf, Stadt	bally
eingezäuntes Farmland	park
Fels	craig
Fels im Meer	skerry
Festung, Fort	caer
Flußmündung	inver
Fort	dun
enge Gasse	close, wynd
Hügel, Berg	fell
gerundeter Hügel	law
Insel	inch, innis
Isthmus	tarbet
Kap	ross
Meerarm	firth
Meerenge	kyle
Moor	muir
Mulde, Tiefland	howe
Schlachtfeld	blair
Spitze, Gipfel	tap
Steinhaufen	caim
Tal	glen
breites Tal	strath
Tümpel, Wasserfall	linn

Notfälle

Apotheke, Drogerie	chemist's
(praktischer) Arzt	doctor, GP
Beschwerden	trouble
Erste Hilfe	first aid
Fieber	fever
Feuerwehr	fire brigade
Kopfschmerzen	headache
Krankenhaus	hospital
Krankenwagen	ambulance
(Arznei-) Mittel	medecine
Notfall	emergency
Polizei	police
(Arzt-) Praxis	surgery
Rezept	prescription
Unfall	accident
Verbandszeug	first-aid kit
Verletzung	injury
Versicherung	insurance company
Zahnarzt	dentist

Die wichtigsten Sätze

Can I see the room? – Darf ich das Zimmer mal sehen?
Can you help me, please? – Können Sie mir bitte helfen?
Could I have the menu/bill, please? – Die Speisekarte/Rechnung, bitte.
Could you tell me how to get to ...? – Könnten Sie sagen, wie ich zum ... komme?
Do you take eurocheques/credit cards? – Nehmen Sie Euroschecks/Kreditkarten?
Excuse me! – Entschuldigung.
Have a good journey/a nice day! – Gute Reise/Schönen Tag noch!
Have you got any vacancies? – Haben Sie noch Zimmer frei?
»How are you?« »Fine, thanks. And you?« – »Wie geht's?« »Danke, gut, und Ihnen?«
How much is it? – Wieviel kostet es?
I'd like a map of the town – Ich hätte gern einen Stadtplan.
I'd like to rent a car/to change marks/shillings/Swiss francs into pounds. – Ich möchte ein Auto mieten/Mark/Schillinge/Schweizer Franken in Pfund wechseln.
I don't understand. – Ich verstehe nicht.
I'll have ... – Ich nehme ...
I'm so sorry! – Tut mir leid.
Is there a nice pub/restaurant here? – Gibt's hier ein nettes Restaurant/einen netten Pub?
Pardon? – Wie bitte?
See you later/soon/tomorrow! – Bis später/bald/morgen!
That's amazing/gorgeous/great/terrific/very kind of you. – Das ist erstaunlich/fabelhaft/prima/großartig/nett von Ihnen.
What can you recommend? – Was empfehlen Sie?
Where are the toilets, please? – Wo bitte ist das WC?
Would you reserve us a table for two for this evening, please? – Würden Sie uns bitte einen Tisch für zwei Personen für heute abend reservieren?
Would you speak a bit more slowly, please? – Könnten Sie wohl etwas langsamer sprechen?
You're welcome. – Bitte schön, keine Ursache.

Schottische Begriffe

falsch	fause
Fußball	fitba
Gebäude	biggin
geben	gie
gehen	gea
ja	aye
Kind	baim
Mädchen/Freundin	lass(ie)
Metzger	flesher
Morgen	forenoon
kalter Seenebel an der Ostküste	haar
kleines Stück Land in den Highlands	croft
Vater	faither

Auskunft

Für Deutschland gibt Auskunft:
British Tourist Authority (BTA)
Westendstr. 16–22
60325 Frankfurt/Main
Tel. 069/971 12-3
Fax 069/971 12-444

Schweizer wenden sich an:
British Tourist Authority (BTA)
Limmatquai 78
8001 Zürich
Tel. 01/261 42 77
Fax 01/251 44 56

Österreicher wenden sich an:
Britain Visitor Centre
Schenkenstr. 4
1010 Wien
Tel. 01/533 26 16 81
Fax 01/533 26 16 85

Auskunft vor Ort gibt:
Scottish Tourist Board (STB)
23 Ravelston Terrace
Edinburgh EH4 3EU
Tel. 0131/332 24 33
Fax 0131/315 45 45

Ca. 170 Touristenbüros helfen dem Urlauber vor Ort bei der Planung seiner Reise mit Tips zu Veranstaltungen, Buchung der Unterkunft (gegen eine kleine Gebühr), Landkarten, Broschüren, Rundreisen und Ausflügen. Die Öffnungszeiten sind meist Mo–Fr 9–16 Uhr, im Sommer oft länger. Die kleineren Büros haben nur während der Saison geöffnet, meist von Ostern bis Oktober. Gegen Gebühr kann man Infomaterial bestellen, so u. a. Bücher zu ›Bed and Breakfast‹, den ›Touring Guide‹ (Sehenswürdigkeiten, Öffnungszeiten), ›Hotels and Guest Houses‹ (Auswahl), ›Self-Catering‹ (Selbstversorger), ›Caravan and Camping‹:

British Tourist Authority
Publication Sales, Finance Dept
Thames Tower
Black's Road
London W6 9EL
Kreditkartenhotline:
0044/181/563 32 76
Kreditkartenfax:
0044/181/563 32 89

... im Internet

http: //www.scotland.org
http: //www.host.co.uk
http: //www.aboutscotland.co.uk
http: //www.dumont.de

Reisezeit

Es herrscht ein mildes maritimes Klima. Mit Regen – mehr an der West- als an der Ostküste –, stürmischen Winden und niedrigen Temperaturen muß man ganzjährig rechnen. Aufgrund der geographischen Lage kann man im Juni vor allem in den nördlichen Regionen eine Art Mitternachtssonne erleben. Frühjahr und Herbst sind die angenehmsten Reisemonate. In der Hochsaison im Juli und August ist es voll, und ohne Vorbestellung läuft da nichts.

Einreise

Für einen Aufenthalt bis zu sechs Monaten brauchen EU-Bürger nur einen Personalausweis bzw. Reisepaß, Schweizer die Nationale Identitätskarte. Tiere müssen sechs Monate in Quarantäne. Für die Ein- und Ausfuhr von Landes- und Fremdwährung besteht keine Beschränkungen, die Einfuhr von Treibstoff in Kanistern, von Geflügel- und Schweinefleisch sowie

Eiern ist verboten. Reisende, die nicht länger als zwölf Monate im Land bleiben wollen, dürfen Reisegut zum persönlichen Gebrauch abgabefrei einführen.

Anreise

... mit dem Flugzeug

British Airways fliegt mehrmals wöchentlich von Frankfurt nach Aberdeen, von Düsseldorf, Frankfurt und Zürich nach Edinburgh sowie von Düsseldorf, Frankfurt, Hannover und München nach Glasgow (Tel. 01803/34 03 40). Lufthansa fliegt Sa/So von Frankfurt nach Glasgow, Mo–Fr von Frankfurt, Hamburg und Düsseldorf via Manchester nach Aberdeen, Dundee, Edinburgh und Glasgow (Zentralreservierung Tel. 01803/80 38 03). Flughäfen s. Infos vor Ort.

... mit der Bahn

Alle Verbindungen führen über London (Strecke Frankfurt–London knapp 11 Std.), von da in 4–5 Std. (auch als Schlafwagen) nach Aberdeen, Edinburgh, Fort William, Glasgow, Inverness. Buchungen und Infos für Deutschland bei:
Rail Europe
Lindenstr. 5
60325 Frankfurt/Main
Tel. 069/97 58 46 46
Fax 069/97 58 46 25

Für die Schweiz und Österreich:
Rail Europe
Gutenbergstr. 1
3001 Bern
Tel. 157 10 56 (nur innerhalb der Schweiz) oder 031/380 19 20
Fax 031/382 43 86

... mit dem Bus

Die Europabusse der
Deutschen Touring Gesellschaft
Am Römerhof 17
60486 Frankfurt/Main
Tel. 069/790 32 40
Fax 069/790 3219
fahren von Aachen, Frankfurt, Köln (16 Std.), Mannheim, München und Stuttgart nach London. Von da gibt es Busse von ›Scottish Citylink‹/›National Express‹ nach Edinburgh und Glasgow (s. S. 24).

... mit Auto und Fähre

Kürzeste Verbindung – 4 Std., etwa alle 45 Min. – ist die Strecke Calais–Dover über den Kanal:
P&O Ferries
P&O European Ferries
Graf-Adolf-Str. 41
40210 Düsseldorf
Tel. 0211/38 70 60
Fax 0211/387 06 30
Die von Dover etwa 10stündige Nordfahrt auf der M 6 bis Carlisle kürzt ab, wer mit
Scandinavian Seaways
Van-der-Smissen-Str. 4
22767 Hamburg
Tel. 040/389 03-71
Fax 040/389 03-141
von Amsterdam nach Newcastle (14 Std.) oder von Hamburg nach Newcastle (23 Std.) fährt.
North Sea Ferries
P. O. Box 1123
NL-3180 AC Rozenburg
Tel. 0031/181/25 55 55
Fax 0031/181/25 52 15
fährt von Zeebrügge und Rotterdam nach Hull, das etwa auf halber Strecke nach Schottland liegt (14 Std.). Eine Broschüre zu Autofähren nach Großbritannien und Irland ist beim BTA erhältlich.

Unterwegs in Schottland

... mit dem Flugzeug

British Airways/Loganair (Tel. 0345/22 21 11) betreibt den Großteil des innerschottischen Flugnetzes, auch auf viele Inseln (s. Infos vor Ort). Das ›Highland Rover Ticket‹ für fünf innerschottische Flüge kostet 190 £.

... mit der Bahn

Fahrpläne, Spartickets und Infos gibt's bei ›British Rail‹ (s. S. 23) und ›Scotrail‹; Auskunft für gesamt Schottland Tel. 0191/ 269 02 03. Hauptstrecken sind Edinburgh–Aberdeen–Inverness–Thurso; Edinburgh–Inverness; Glasgow–Oban–Mallaig; Inverness–Dingwall–Kyle of Lochalsh. Der Nordwesten hat keinen Anschluß. ›Freedom of Scotland Travel Pass‹, Bahnfahren und Calmac-Fähren an 4 Tagen innerhalb von 8 Tagen: 64 £.

... mit dem Bus

›Scottish Citylink‹/›National Express‹ betreibt das Überlandbus-Netz zwischen allen wichtigen Städten (Tel. 0990/50 50 50 und 0990/80 80 80). Ein ›Tourist Trail Pass‹, gültig für drei Tage und ganz Großbritannien, kostet 49 £. Daneben gibt es regionale Busunternehmen sowie für die entlegensten Gebiete den Postbus-service, den man auch als Tourist nutzen kann:
Royal Mail Public Relations
West Port House
102 West Port
Edinburgh EH3 9HS
Tel. 0131/228 74 07
Fax 0131/228 71 39

In Edinburgh bietet
Haggis Backpackers
11 Blackfriars St.
Tel. 0131/557 93 93
Fax 0131/558 11 77
individuelle, preiswerte Bustouren für Rucksacktouristen an.

Infos über öffentliche Verkehrsmittel in den Highlands und Islands und eine Landkarte gibt es bei:
Mrs. Sheila Fletcher
Highland Council
Glenurquhart Road
Inverness IV3 5NX
Tel. 01463/70 26 95
Fax 01463/70 26 06

Reisen mit Behinderungen

Das STB gibt eine Broschüre mit Tips für Reisende mit Behinderungen heraus (›Practical Information for Visitors with Disabilities to Scotland‹). Die Symbole des ›Tourism for All‹ bedeuten, daß man hier auf die Bedürfnisse behinderter Besucher eingeht. Zur Seite steht Behinderten ›Disability Scotland‹, eine Organisation, die Infos und Verzeichnisse behindertengerechter Hotels, Campingplätze, Sehenswürdigkeiten etc. zur Verfügung stellt (Princes House, 5 Shandwick Pl., Edinburgh EH2 4RG, Tel. 0131/229 86 32, Fax 0131/ 229 51 68).

Unterkunft

Die Klassifizierung durch das STB für Hotels, Guest Houses und B&B reicht von ›Approved‹ über ›Commended‹ und ›Highly Commended‹ bis ›Deluxe‹, kombiniert mit einer Bewertung der sanitären Einrichtungen und des Service von ›Listed‹ bis fünf Kronen. In diesem Buch sind nur sorgfältig ausgewählte Hotels und B&B aufgenommen (Kategorien s. vordere Innenklappe).

Die spezifisch britische Tradition des **Bed and Breakfast** bietet Übernachtung und Frühstück bei Privatpersonen, oft mit Familienanschluß – eine empfehlenswerte Unterkunftsform, die auch von einheimischen Reisenden häufig genutzt wird. Der Übergang zu den meist professionelleren, etwas teureren **Guest Houses** mit mehr Zimmern ist fließend. Einfache B&B kosten meist nicht unter 14 £. Ab der Kategorie ›moderat‹, teilweise auch ›günstig‹ (meist nicht unter 17 £) können Sie eigenes Bad und WC (*private facilities* oder *ensuite*) erwarten. B&B liegen meist konzentriert an den Ausfallstraßen. Viele B&B bieten eine Abendmahlzeit an.

Alle der über 80 **Hostels** haben eine Küche für Selbstversorger, die größeren Häuser bieten Mahlzeiten an. Es wird ein Jugendherbergsausweis verlangt, aber es gibt keine Beschränkungen hinsichtlich Alter oder Aufenthaltsdauer. Die Preise liegen von 3.85 £ in einer Grade-3-Herberge (einfachst, keine Duschen) bis zu 12.50 £ in einer Grade-1-Superior-Herberge in Stirling, Edinburgh oder Glasgow (Luxus, längere Öffnungszeiten).

Hauptniederlassung:
SYHA National Office
7 Glebe Cr.
Stirling FK8 2JA
Tel. 01786/89 14 00
Fax 01786/89 13 33

Daneben gibt es Independent Hostels, unabhängige Jugendherbergen.

Zentrale Reservierung für alle Jugendherbergen:
Tel. 0541/55 32 55

Independent Backpackers' Hostels Scotland
Croft Bunkhouse
Portnalong
Isle of Skye IV47 8SL
Tel./Fax 01478/64 02 54

Notfälle

Krankenhäuser/ Ärzte

Das Gesundheitssystem in Großbritannien garantiert allen Briten kostenlose Behandlung. Dies gilt auch für Bürger der EU-Mitgliedsstaaten sowie der Schweiz, allerdings nur in Krankenhäusern, die eine ›Accident-and-Emergency‹-Abteilung haben (Notfall-/Unfallabteilung), die sich in jeder Stadt befinden oder – in ländlichen Gegenden – in der nächstgrößeren Kleinstadt. Diese Abteilungen nehmen alle Fälle auf, auch wenn es sich nur um kleinere Beschwerden handelt. Meist sind alle Mitarbeiter der Krankenhäuser sehr freundlich und hilfsbereit, jedoch muß man sich auf längere Wartezeiten einstellen.

Der Besuch bei GPs (*general practitioners*, niedergelassenen praktischen Ärzten, das Äquivalent zu unseren Hausärzten) und Zahnärzten wird von den Krankenkassen nicht erstattet. Der Abschluß einer zusätzlichen privaten Reisekrankenversicherung ist ratsam.

Orte

Ob Castle und Holyrood Palace in Edinburgh, der Königin der schottischen Städte, ob Nekropolis und St. Mungo's Cathedral der Rivalin Glasgow, dem alten Industrieort und neuen Designer-Zentrum, ob Restaurants, *tea rooms* und Pubs in den großen Städten oder den kleinen Fischerorten an West- und Ostküste, ob Highland Games in Stirling, Schlösser am Dee,

on A-Z

Rhododendron-Gärten, ob die nebelumwehte Isle of Skye, das schicksalsträchtige Tal der Tränen, Glencoe, ob berühmte Burgen wie Eilean Donan Castle oder entsetzliche Monster in den tiefen Lochs der Highlands – dieser Schottland-Führer gibt Ihnen nützliche Tips und ausgesuchte Adressen, damit Ihr Aufenthalt zu einem Erlebnis wird.

Orte von A–Z

Alle interessanten Orte und ausgewählte touristische Highlights auf einen Blick – alphabetisch geordnet und aufgrund der Lage- bzw. Koordinatenangabe problemlos in der großen Extra-Karte zu finden.

Aberdeen

Lage: G 5
Vorwahl: 01224
Einwohner: ca. 210 000

Aberdeen ist Großbritanniens Ölstadt, die Off-shore-Kapitale für die Plattformen draußen in der Nordsee. Das Öl hat sichtbar Geld in Schottlands drittgrößte Stadt gebracht, die Wert auf Kunst und Kultur legt. Aberdeen besteht aus zwei sehr unterschiedlichen Teilen: Die hektische Neustadt um Union und King Street, Anfang 19. Jh. in einheitlichem, streng-schlichtem Stil entworfen, ist das granitene, graue Aberdeen. Old Aberdeen mit den kopfsteingepflasterten Sträßchen Chanonry, High Street und Don Street ein paar Kilometer nördlich der Neustadt ist eine pittoreske mittelalterliche Gelehrtenenklave.

Brig o'Balgownie: 2 km nördlich der St. Machar's Cathedral auf der Don St.
Mittelalterliche Brücke, pittoreske Häuser, Uferdschungel.
City Chambers/Tolbooth Museum: Castle St. Das Tolbooth Museum im viktorianischen Rathaus widmet sich der Stadtgeschichte; das *mercat cross* am Hauptplatz ist von 1686.
King's College: High St., Old Aberdeen, Mo–Sa 9–17, So 12–17 Uhr.
Universität und eine der schönsten schottischen Kirchen, mit einmaliger, vollständig erhaltener geschnitzter Inneneinrichtung aus dem Spätmittelalter; sehenswertes Besucherzentrum. Die Universität, 1494 gegründet, ist Schottlands drittälteste; drumherum beschauliches Studentenleben.
Provost Ross's House: Shiprow, Mo–Sa 10–17, So 11–17 Uhr.
Schiffahrtmuseum in einem der ältesten Häuser Aberdeens – vom Teeklipper zur küstennahen Ölförderung. Ein paar Meter weiter erstreckt sich der beeindruckende Hafen mit seinen Riesentrawlern.
Provost Skene's Haus: Guestrow, in der Nähe der Broad St., Mo–Sa 10–17 Uhr.
Das älteste Haus von 1545 mit sehenswerter historischer Einrichtung wird förmlich erdrückt von modernen Betonklötzen.
St. Machar's Cathedral: Chanonry, tgl. 9–17 Uhr.
Spätgotische Kathedrale mit einer mächtigen Turmfront, wappen-

Sightseeing | Restaurants
Museum | Shopping
Ausflüge | Nightlife
Information | Feste & Theater
Hotels | Verkehr

geschmückter Decke und wildromantischem Friedhof.

Art Gallery: Schoolhill, Mo–Sa 10–17, So 14–17 Uhr.
Kunst des 19./20. Jh., u. a. Barbara Hepworth und Henry Moore.

Dunnottar Castle (G 6): Mitte März–Okt. Mo–Sa 9–18, So 14–17 Uhr, Nov.–Mitte März Mo–Sa 9 Uhr bis Sonnenuntergang.
Dramatisch thront eine von Schottlands historisch bedeutsamsten Burgruinen auf den Klippen; von hier aus kann man schöne Küstenspaziergänge unternehmen.

Tourist Information: Broad St., Tel. 63 27 27.

In der **Crown Street** liegen zahllose Hotels und Guest Houses, in denen die vielen Arbeiter der Ölplattformen wohnen.
Aberdeen Youth Hostel: 8 Queen's Rd., Tel. 64 69 88, Fax 64 84 94.
Grade 1; mitten in der Neustadt.
Royal Crown Guest House: 111 Crown St., Tel. 58 64 61, Fax 57 54 95, günstig bis moderat.
Zentral gelegene, hübsche viktorianische Pension; acht schlichte Zimmer, nicht alle mit eigenem Bad.
Northern Hotel: 1 Great Northern Rd., Tel. 48 33 42, Fax 27 61 03, moderat.
In der Nähe der Altstadt an einer großen Straße gelegen; innen komplett neu eingerichtet, von außen Art déco mit kurios gerundeter Schmalseite: *pleasantly strange*.
Atholl Hotel: 54 King's Gate, Tel. 32 35 05, Fax 32 15 55, moderat bis teuer.
Eins der für Aberdeen charakteristischen Granithäuser im Westend der Stadt.
Brentwood Hotel: 101 Crown St., Tel. 59 54 40, Fax 57 15 93, moderat bis teuer.
Ein freundliches Granitreihenhaus mit massig Zimmern.

Die Stadt ist bekannt für ihre guten Restaurants.
Ashvale Fish and Chips Restaurant and Take Away: 44–48 Great Western Rd.
Eine Institution, sehr preiswert.
Faradays: 2 Kirk Brae, Cults, 7 km südwestlich der Stadt, Tel. 86 96 66.

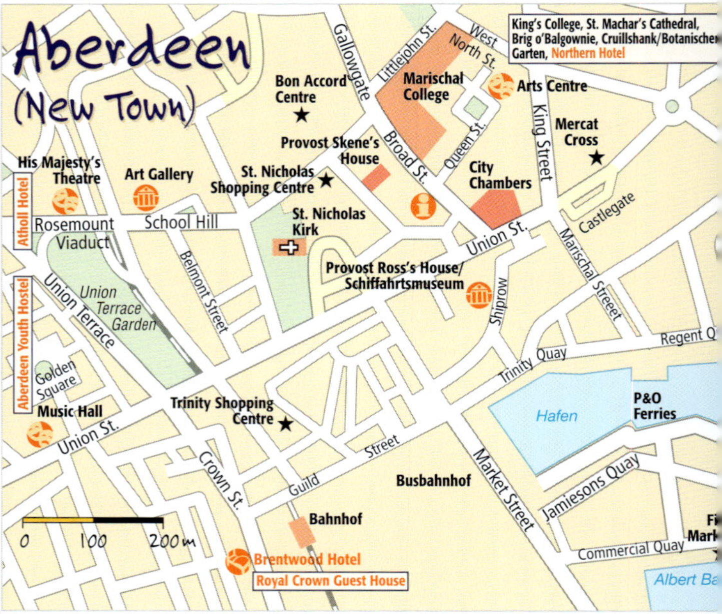

Kurios-schickes, Ambiente in einer ehemaligen viktorianischen Stromstation. Wöchentlich wechselndes Fünf-Gänge-Menü mit französischem Touch.

The Courtyard on the Lane: 1 Alford Lane, Tel. 21 37 95.
Unten preiswertes Bistro, oben teures ›Gourmet-Restaurant des Jahres 1994‹.

The Lemon Tree: 5 West North St., Tel. 62 16 10.
Oben Theater, unten Café/Bistro. Kabarett und *home cooking*.

Silver Darlings: Pocra Quay, North Pier, Tel. 57 62 29.
Eins der renommiertesten Seafood-Restaurants von Schottland. Authentisch-schlichte Hafenatmosphäre.

Den sehenswerten **Fischmarkt** am Hafen, Albert Basin, Mo–Fr 7–9.30 Uhr, können nur Frühaufsteher genießen; am besten zwischen 7 und 8 Uhr.

Pubs: Cameron's Inn: 6–8 Little Belmont St. Der angeblich älteste Pub der Stadt.
King St. Mill: 500 King St. Etwas außerhalb, holzig-urig, gutes *pub grub*.
The Prince of Wales: 7 St. Nicholas Lane, nahe der Union St.
Der Pub von Aberdeen mit traditionellem Ambiente und *real ales*, dazu eine gute Single-Malt-Whisky-Auswahl.

His Majesty's Theatre: Rosemount Viaduct, Tickets Box Office Union St., Tel. 64 11 22. Gilt auch für Ticketkauf für die **Music Hall,** Union St., wo namhafte schottische Orchester auftreten.
Arts Centre: King St., Tel. 63 52 08.
Feste: Aug.: **Highland Games** in Aberlour, Aboyne, Ballater; **Lonach Highland Gathering** mit dem berühmten Marsch der Männer von Lonach; **International**

Youth Festival; Okt.: **Alternative Festival** (s. S. 15).

Flughafen: International Airport, Dyce, 11 km nordwestlich der Stadt an der A 96, Tel. 72 23 31.
Busverbindung, Taxi etwa 8 £, Autovermietung. Flüge aus Skandinavien, Großbritannien oder innerschottisch zu den Inseln.
Bahn: Hauptbahnhof Guild St., Info Tel. 03 45/48 49 50.
Bus: Grampian Transport, 395 King St., Tel. 63 70 47.
Die grün-gelben Busse sind zuständig für ganz Grampian und Aberdeen.
Hauptbusbahnhof Guild St., Auskunft Tel. 21 22 66.
Autovermietung: Arnold Clark, Girdleness Rd., Tel. 24 91 59.
Schiff: P & O Ferries, Jamieson's Quay, Tel. 57 26 15.
Autofähren nach Shetland via Orkneys und zu den Faröern (Dänemark).

Alloway

Lage: C 10
Vorwahl: 01292
Einwohner: ca. 500

Was den Borders Sir Walter Scott ist, ist den südwestlichen Lowlands der Nationaldichter Robert Burns (1759–96), dessen Gedenkstätten sich vor allem im adretten Alloway häufen.

Im National Heritage Park in Alloway dreht sich alles um den Dichter: die supermoderne **Tam o'Shanter Experience-Schau** (April–Okt. 9–18, Nov.–März 9–17 Uhr), die unheimliche Ruine der **Alloway Kirk**, die alte Steinbrücke **Brig o'Doon** und **Burns' Geburts-Cottage** (April–Okt. 9–18, Nov.–März Mo–Sa 10–16, So 12–16 Uhr).

Culzean Castle: April–Okt. 10.30–17 Uhr.

Nicht ganz billig: B & B der upper class in Culzean Castle

Ein mittelalterlich anmutender Robert-Adam-Bau mit wundervoller georgianischer Einrichtung und einem Park in dramatischer Klippenlage. Jetzt ein Luxus B & B!

The Richmond Guest House: 38 Park Circus, Ayr, Tel. 26 51 53, Fax 28 88 16, günstig.
Einfache, empfehlenswerte Pension im 5 km entfernten Seebadeort Ayr (48 000 Einwohner).
Briga`doon Hotel: Tel. 44 24 66, Fax 44 19 99, moderat.
Traditioneller, alter Landgasthof am Doon-Ufer, direkt neben Brig o'Doon und dem Park mit dem Burns-Monument.

Fouter's Restaurant: 2A Academy St., Ayr, Tel. 26 13 91.
In ansprechend eingerichtetem Gewölbe. Renommiertes Essen; einfacher und billiger in der Bar.
Pierre Victoire: 4 River Terr., Ayr, Tel. 28 20 87.

Anstruther

Lage: F 8
Vorwahl: 013 33
Einwohner: ca. 3 000
s. S. 35

Aviemore

Lage: E 5
Vorwahl: 01479
Einwohner: ca. 1 500

Das Ferien- und Wintersportzentrum – häßliche Hochhäuser vor grandioser Kulisse – taugt als Standquartier, um in die großartige Bergeinsamkeit der Cairngorms einzutauchen.

Cairngorm-Massiv: Zwei Sessellifte schaukeln den Besucher bei gutem Wetter auf den Ptarmigan mit Großbritanniens höchstgelegenem Café. Von dort 15 Min. zu Fuß bergauf auf den Cairngorm (1 245 m), von dem aus man einen weiten Rundblick hat.
Highland Wildlife Park (D 5): Kincraig, Nov.–März 10–16, April/Mai, Sept./Okt. bis 18, Juni–Aug. bis 19 Uhr.
Unbedingt sehenswerter Park mit Safari- und Gehegeteil: Hochlandrinder, Wildkatzen, Wölfe u.v.m.
Carrbridge: Hübsches Örtchen mit Steinbrücke und Landmark Visitor Centre zur regionalen Flora und Fauna (10–18 Uhr, Winter bis 17, Juli/Aug. bis 20 Uhr).

Tourist Information: Grampian Rd., Tel. 81 03 63.

Aviemore Youth Hostel: 25 Grampian Rd., Tel. 81 03 45, günstig.
Grade 1; modernes Gebäude in einem Birkenhain.
Lynwilg House: Lynwilg, 2 km südlich von Aviemore, Tel./Fax 81 16 85, moderat.
Preiswertes kleineres *country house* mit Blick auf die Cairngorms; Kaminfeuer, Angeln im hauseigenen See, Krocket und für das Restaurant Gemüse aus eigenem Garten.

Old Bridge Inn: Old Dalfaber Rd., Tel. 81 11 37.
Schottische Eintöpfe, Käse und Holzkohlegrilladen, auch ein traditioneller Pub.
The Rowan Tree Restaurant & Guest House: Loch Alvie, an der B 9152, Tel./Fax 81 02 07.
Günstiges traditionelles Hochlandessen – Lamm mit Apfel,

Ferienschloß der Queen in Schottland: Balmoral Castle

Räucherlachs –, *tea room*, Kunsthandwerksladen und darüber hinaus zehn Zimmer (moderat bis teuer).

Bahn: Strathspey Steam Railway, Tel. 81 07 25.
Der Nostalgiezug fährt im Sommer von Dalfaber Road bis Boat of Gartan.

Ballater

Lage: F 6
Vorwahl: 01 33 97
Einwohner: ca. 1 300

Die adrette, fast durchgängig viktorianische Kleinstadt ist Ausgangspunkt für die Erkundung der Royal Deeside. Queen Victoria, der königlichen Urlauberin, verdankt die schroffe bis liebliche Heide- und Waldlandschaft ihr Gütesiegel ›Royal‹ sowie eine Touristenroute, beschildert mit Vics Profil auf braunem Grund.

Tour zu den berühmten Dee-Schlössern, die alle von Parks und Gärten mit Wanderwegen umgeben sind: **Craigievar Castle** (F 5) ist der Inbegriff des Baronialstils, ein *tower house* des 17. Jh. mit einem Kranz aus Zinnen, Türmchen, Erkerchen (April–Okt. 11–17.30 Uhr, Gärten ganzjährig 9 Uhr bis Sonnenuntergang). Die beiden anderen sind **Crathes Castle** (G 6, Öffnungszeiten wie Craigievar) und **Drum Castle** (G 5/6, Ostern, Mai–Sept. tgl. 13.30–17.30 Uhr, Okt. Sa und So 13.30–17.30 Uhr). **Balmoral Castle** (E 6) im Neobaronialstil des 19. Jh. ist das Ferienhäuschen der Windsors (April/Mai Mo–Sa, Juni–Aug. tgl. 10–17 Uhr).

Tourist Information: Station Sq., Tel. 553 06.

Moorside House: Braemar Rd., Tel./Fax 554 92, günstig. Viktorianische Villa mit neun Räumen ensuite.

... und nach der Besichtigung gibt's ein Eis

Deeside Hotel: Braemar Rd., Tel. 554 20, Fax 553 57, moderat. Dee-typisches Häuschen aus pinkfarbenem Granit; charaktervolle, teils alte Einrichtung; preiswert und gut das Restaurant.
Kildrummy Castle Hotel: Kildrummy, Tel. 01 97 55/712 88, Fax 713 45, Luxus bis teuer.
Eins von Schottlands schottischsten Country-House-Hotels in einem ehemaligen Jagdschlößchen; direkt oberhalb der grandiosen Ruinen von **Kildrummy Castle** aus dem 12. Jh. und den erholsamen Gärten. Nach dem anspruchsvollen Dinner – Fasanensüppchen, Hirsch in süßer Sauce – gibt es einen himmlischen Single Malt Whisky.

The Green Inn: 9 Victoria Rd., Tel./Fax 557 01.
Preisgekrönt – schottische Frischprodukte mit ausgefallener, teils orientalisch inspirierter Zubereitung; tolle Käseauswahl. Auch drei moderate Zimmer ensuite.
Hayloft Restaurant: Bridge Sq., Tel. 559 99.
Restaurant mit rustikalem Ambiente im namengebenden alten Heuboden, am Dee gelegen; einfallsreiche, schmackhafte und preiswerte Küche.

Feste: Aug.: **Highland Games** hier und im nahen Aboyne.

Callander und die Trossachs

Lage: D 8
Vorwahl: 01877
Einwohner: ca. 1 800

Die reizvolle Umgebung des Touristenstädtchens Callander, die etwas zu viel gepriesenen und besuchten Trossachs um die Lochs Katrine, Achray, Vennachar und Lubnaig, hat Sir Walter Scott mit seinen historischen Romanen berühmt gemacht.

Rob Roy and Trossach Visitor Centre: Ancaster Sq., Callander, März–Mai und Okt.–Dez. 10–17 Uhr, Juni–Sept. 9.30–18, Juli/Aug. 9–19 Uhr.
Rob Roy MacGregor wird hier zum Robin Hood stilisiert.
Rob Roy's Grave: Friedhof von Balquhidder 22 km nördlich von Callander. *Requiescat in pace*; stiller Ort am Loch Voil.

Trossachs Pier: Das Herz der Trossachs – hier kann man wandern oder eine Fahrt mit dem Ausflugsdampfer ›S.S. Sir Walter Scott‹ unternehmen.

Tourist Information: Im Rob Roy Visitor Centre, Tel. 33 03 42.

Brook Linn Country House: Leny Feus, Tel./Fax 33 01 03, günstig.
Vikt. Villa mit Garten und Blick.
Mrs. N. Henderson: Teithside House, Bridgend, Tel./Fax 33 13 33, günstig/moderat.
Sechs Zimmer in entzückendem georgianischem Landhaus.
Lubnaig Hotel: Leny Feus, Tel./Fax 33 03 76, moderat.
Ein empfehlenswertes kleines Country-House-Hotel.

Dun Whinny's: 9 Bridge St. Der *tea room* serviert lekkere Mittagssnacks in niedlichem alten Häuschen.

Fahrradvermietung: Trossachs Holiday Park, bei Aberfoyle, Tel. 018 77/38 26 14.
Bus: Von Stirling verkehrt der Trossachs Trundler, ein 50er-Jahre-Bus, Juni–Sept., s. Stirling.

Crail und Anstruther

Lage: F 8
Extra-Tour 4: S. 90f.
Vorwahl: 013 33
Einwohner: ca. 1 000 bzw. 3 000

Tourist Information: 62/64 Marketgate, Crail, Tel. 45 08 69; im Fisheries Museum, Anstruther, Tel. 31 10 73.

Hazelton Guest House: 29 Marketgate, Crail, Tel./Fax 45 02 50, günstig.
Einfache, wohnliche Zimmer und preisgekrönte Hausfrauenküche in Crails historischer Oberstadt.
The Spindrift: Anstruther, Pittenweem Rd., Tel./Fax 31 05 73, moderat.
Ein luxuriöses B & B in adrettem viktorianischem Häuschen; Abendessen für Hausgäste.

Anstruther Fish Bar & Restaurant: 42/44 Shore St., Tel. 31 05 18.
Take-away und Bistro.
Peat Inn: Cupar (im Landesinneren), Tel. 013 34/84 02 06.
Einer der landesweit teuersten und besten Feinschmeckertempel.
The Cellar Restaurant: 4 East Green, Anstruther, Tel. 31 03 78.
Ship Inn: The Toft, Elie, Tel. 33 02 46.
Alter Pub mit deftigem Essen im hübschen Fischerort Elie.

Ausflugsboot zur Isle of May, Tel. 31 01 03.

Crinan

Lage: B 8
Vorwahl: 01546

Der nur aus wenigen Häusern bestehende Jachthafen am Meer, an der letzten Schleuse des stillen, nostalgischen Crinan Canal, ist ein Geheimtip. Spazier- und Fahrradwege führen entlang dem Kanal und ins nahe, idyllische **Kilmartin Valley,** in dem sich megalithische Grabhügel und Steinkreise wie auf einer Perlschnur reihen.

Mrs. Mairi Anderson: Tigh-na-Glaic, Tel. 83 02 45, Fax 83 02 43, moderat.
Geräumige ›Suiten‹ in modernem B & B hoch über dem Hafen.

Cairnbaan Hotel: Cairnbaan, 4 km den Kanal entlang, Tel. 60 36 68, Fax 60 60 45, moderat. Geschmackvolle und komfortable Zimmer in alter Postkutschenstation; netter Pub mit Katze; innovatives *bar food*; Restaurant.

Cairn Restaurant: Kilmartin, Tel. 51 02 54. Nicht von dem Kramsladen-Ambiente abschrecken lassen! Hier wird einfallsreiche Küche serviert.
Tayvallich Inn: Tayvallich, 10 km südlich von Crinan am Loch Sween, Tel. 87 02 82. Schnörkelloses *seafood* in Bar und Restaurant.

In der maritimen **Nautic Bar** des Crinan Hotel am Hafen wird Skipperlatein gedroschen. Das Hotel ist ebenso überteuert wie das landesweit gepriesene Fischrestaurant.

Dornoch

Lage: D 3
Vorwahl: 018 62
Einwohner: ca. 900

In dem reizenden Küstenort gibt es eine gotische Kathedrale inmitten eines stillen Kirchhofs und einen weltberühmten Golfplatz. 20 km nördlich des Städtchens haben sich die Herzöge von Sutherland das Dornröschenschloß Dunrobin Castle mit prächtigen Gärten und einem sehenswerten Museum errichtet.

Dunrobin Castle: April/Mai, Okt. Mo–Sa 10.30–16.30, So 12–16.30 Uhr, Juni–Sept. bis 17.30 Uhr. Burg wie aus einem Märchenfilm; edwardianisch eingerichtete Säle.

Tourist Information: The Square, Tel. 81 04 00.

Carbisdale Castle: Culrain, Ende des Kyle of Sutherland, ca. 25 km westlich des Ortes, Tel. 015 49/42 12 32, günstig. Grade 1 Superior; Schottlands schönste, grandios gelegene Jugendherberge in einem neogotischen Traumschloß der Herzöge von Sutherland – Statuen und Türme sowie Schloßgeist inklusive.
Mr. & Mrs. D. MacKenzie: Trevose Guest House, The Square, Tel. 81 02 69, günstig. Komfortables Gästehaus neben der Kirche.
Dornoch Castle Hotel: Castle St., Tel. 81 02 16, Fax 81 09 81, moderat. Eins der erschwinglichen Schloßhotels in ehemaligem Bischofspalast; gutes Restaurant.

Drumlanrig Castle

Lage: E 10

Eines von Schottlands prächtigsten Schlössern. 1645–76 entstand diese vierflügelige Hofanlage nach Plänen von Sir William Bruce. Der Spätrenaissancebau beherbergt eine exzellente Gemäldesammlung, u. a. Rembrandt (›Lesende alte Frau‹) und da Vinci. Fahrradverleih, Falknerei-Darbietungen, Wanderwege durch die großen Parks und Kunsthandwerksläden komplettieren das Angebot für die ganze Familie.

Drumlanrig Castle: Burg Mai–15. Aug. Mo–Sa 11–16, So 12–16, Park und Abenteuerspielplatz 24. April–19. Sept. tgl. 11–17 Uhr.

Dumfries

Lage: E 11
Vorwahl: 013 87
Einwohner: ca. 30 000

Dumfries, das an Sonnentagen wegen des hauptsächlich verbauten roten Sandsteins fotogen glüht, ist eine geschäftige, typisch schottische Provinzhauptstadt. Schöne Spaziergänge führen am Nith entlang; sehenswert sind vor allem das **Wehr** und die **Devorgilla Bridge** von 1431. Der große Robert Burns (1759–96), Lyriker und *homme aux femmes*, lebte und starb hier.

Burns-Haus: Burns St., April–Sept. Mo–Sa 10–17, So 14–17, Okt.–März Di–Sa 10–13, 14–17 Uhr.
Burns' bescheidenes Sterbehaus.
Midsteeple: Das alte georgianische Rathaus von 1707 an der Haupteinkaufsstraße High St.; die Fußgängerzone mit Brunnen und Bänken lädt zum Flanieren ein.
St. Michael's Kirchhof:
An der St. Michael's St.
Im weißen Mausoleum liegt Burns mit Frau Jean begraben.

15 km südlich von Dumfries steht Schottlands wohl schönste Burgruine: Das dreieckige **Caerlaverock Castle** aus dem 14. Jh. ist von einem Wassergraben und Schwertliliendickichten umgeben (So morgens geschl.).

Tourist Office: 64 Whitesands, Tel. 25 38 62.

Hazeldean Guest House: 4 Moffat Rd., Tel./Fax 26 61 78, günstig.
Viktorianische, hübsch eingerichtete Villa, sechs ensuite-Räume.

Treffpunkt High Street

Redbank House: New Abbey Rd., Tel./Fax 24 70 34, moderat.
Eine attraktive Sandsteinvilla mit sechs ensuite-Räumen in Gehentfernung zum Zentrum.
Comlongon Castle: Clarencefield, 12 km südlich der Stadt, Tel. 87 02 83, Fax 87 02 66, teuer.
Ein holzgetäfeltes, mit Rüstungen und allerlei Ritterschnickschnack ausstaffiertes Tower House – ein beliebter Hochzeiterort – mit viktorianischem Anbau. Vor dem Abendessen steht eine historische Führung an. Achtung: Hausgeist. Das Restaurant ist auch für *non residents* geöffnet.

Globe Inn: 56 High St.
In dem immer gut besuchten Pub in der Fußgängerzone, der ein deftiges *grub* anbietet, trank schon Robbie Burns seinen Port.

Autovermietung: Arnold Clark, New Abbey Rd., Tel. 26 30 00.
Fahrradvermietung: Grierson & Graham, 10 Academy St., Tel. 25 94 83.
Die ganze relativ flache Küste runter bis Caerlaverock Castle und bis zum Southerness-Leuchtturm und Rockcliffe ist ideal zum Fahrradfahren.

Dundee

Lage: F 7
Vorwahl: 013 82
Einwohner: ca. 170 000

Wenn man von der Halbinsel Fife kommt, schweift der Blick über den Tay mit seiner Auto- und Eisenbahnbrücke bis hinauf zum 174 m hohen Vulkankegel The Law, der das Meer aus Hafenkais, Fabrikschloten und Häusern bekrönt. Manch einer läßt die Industriestadt, deren große Zeit das 19. Jh. war, links liegen. Zu Unrecht.

›Discovery‹: Discovery Quay, April–Okt. Mo–Sa 10–17, So 11–17 Uhr, Nov.–März bis 16 Uhr.
Mit diesem zu besichtigenden Dreimaster, 1901 in Dundee vom Stapel gelaufen, unternahm Robert Falcon Scott 1912 seine berühmte Antarktis-Expedition.
›HMS Unicorn‹: Victoria Dock, tgl. 10–17 Uhr, Nov.–Feb. Mo–Fr 10–16 Uhr.
Großbritanniens ältestes noch schwimmendes Kriegsschiff; die freundlichen pensionierten Seeleute erzählen interessante Histörchen.
Howff Burial Ground: Meadowside. Schöner alter Friedhof.

McManus Galleries: Albert Sq., Mo–Sa 10–17 Uhr.
Archäologie, viktorianische Gemäldeschinken, Dundees Goldenes Zeitalter, Dokumente zum Tay-Brücken-Unglück von 1879.
Verdant Works: 27 West Henderson´s Wynd, geöffnet wie Discovery.
Jutefabrik des 19. Jh., heute ein Textilmuseum.

Entlang der Küste kommt man zum netten Hafen- und Badeort **Broughty Ferry** und weiter nach **Arbroath** mit einer der historisch bedeutendsten mittelalterlichen Abteiruinen.

Tourist Information: 21 Castle St., Tel. 52 75 27.
Es gibt verschiedene Stadtführungen, z. B. die ›Ghost Walks‹ im Sommer.

Forgan House: Bei Newport-on-Tay, ca. 5 km südlich der Stadt in Fife, Tel./Fax 54 27 60, moderat.
Drei Zimmer mit Bad in einem wunderschönen georgianischen Herrenhaus inmitten von Gärten und Park.
Strathdon Hotel: 277 Perth Rd. (am westlichen Stadtrand), Tel./Fax 66 56 48, moderat.
Exzellentes Preis-Leistungs-Verhältnis in diesem intimen edwardianischen Familienhotel; mit Restaurant.
Shaftesbury Hotel: 1 Hyndford St., Tel. 66 92 16, Fax 64 15 98, teuer.
Die ehemalige Villa eines Jutebarons ist in ein hübsches, zweckmäßiges Hotel umgebaut worden. Günstiges **Rachel's Restaurant:** Probieren Sie die Suppe aus Räucherfisch *(smokies)*, eine lokale Spezialität.

Jahangir: 1 Session St., Tel. 20 20 22.
Gute indische Küche.
The Ship Inn: Broughty Ferry, 121 Fisher St., Tel. 77 91 76.
Preisgünstiges Essen als *pub grub* oder im Restaurant mit Blick auf den Tay; eine Institution.

Fisherman's Tavern: 12 Fort St., Broughty Ferry.
Mercantile Bar: 100–108 Commercial St.
Tally Ho: 7/13 Old Hawkhill.

Flughafen: Regionalflughafen Dundee Airport, Riverside Dr., Tel. 64 32 42, 2 km südlich des Zentrums.
Flüge nach Inverness, Aberdeen.
Bahn: Taybridge Station, South Union St., Tel. 03 45/48 49 50.
Bus: ›Tayside Public Transport‹ (blaue Busse), East Dock St., Tel. 20 11 21; in Außenbezirken auch ›Strathay Scottish Omnibusses‹ (orange-blau), Seagate Bus Station, Tel. 22 83 45. ›City Tripper‹, tgl. 10–17 Uhr ab Crichton St., Nähe Tourist Office: Man kann an allen Sehenswürdigkeiten beliebig zu- und aussteigen.
Autovermietung: Arnold Clark, 5 East Dock St., Tel. 22 53 82.

Edinburgh

Lage: E/F 9
Vorwahl: 01 31
Einwohner: ca. 450 000

Schottlands kulturelles, wirtschaftliches und politisches Zentrum ist mit den zahlreichen Sehenswürdigkeiten und Museen, den gemütlichen Pubs und der weiten Sicht auf Berge und Meer eine der schönsten Städte Europas. Man kann (fast) alles zu Fuß erreichen. Das touristisch interessante Edinburgh zerfällt in zwei Viertel: die mittelalterlich anmutende Altstadt um die Royal Mile, um die sich gruselig-finstere Geschichten ranken, und die großzügige, elegante georgianische Neustadt, die im 18. Jh. entstand, dem Goldenen Zeitalter der Aufklärung. Eine Stadt mit zwei Gesichtern wie Stevensons Dr. Jekyll und Mr. Hyde.

Holyrood Palace: Canongate, am Fuß der Royal Mile, April–Okt. Mo–Sa 9.30–17.15, So 10.30–16.30 Uhr, Nov.–März Mo–Sa 9.30–15.45 Uhr.
Hier mußte Maria Stuart zusehen, wie David Rizzio von 57 Dolchstichen durchbohrt wurde. Heute wohnt, wenn sie im Norden ihres Reiches weilt, Ihre Majestät Elizabeth II. in dem prachtvollen barock-klassizistischen Königspalast.
Royal Mile: Edinburghs berühmte, immer belebte Flaniermeile, bestehend aus Canongate, High Street, Lawnmarket, Castlehill; sie führt von Holyrood Palace zur Burg hoch. Gesäumt von hohen, schönen alten Häusern mit Hinterhöfen und pittoresken Gassen, den *closes*, Pubs und Andenkenläden. In der **Assembly Hall** aus dem 19. Jh. tagt das schottische Regionalparlament, bevor es in ein eigens dafür errichtetes Gebäude beim Holyrood Palace umziehen wird.
John Knox House: 45 High St., Mo–Sa 10–17 Uhr.
Mit Museum; Todeshaus des berühmt-berüchtigten schottischen Reformators.
Parliament House: Parliament Sq., Di–Fr 10–16 Uhr.
Einstiges schottisches Parlament.
Gladstone's Land: 477B Lawnmarket, April–Okt. Mo–Sa 10–17, So 14–17 Uhr.

Original eingerichtetes Kaufmannshaus aus dem 17. Jh.

St. Giles Cathedral: High St., im Winter Mo–Sa 9–17, So 12–17 Uhr, im Sommer Mo–Sa 9–19, So 13–17 Uhr.
Die Hauptkirche der schottischen Kirk mit oft imitiertem kronenförmigem Turmhelm. Unter den im 15. Jh. erbauten hohen Gewölben liegen zahlreiche Grabdenkmäler bedeutender Persönlichkeiten.

Edinburgh Castle: Castlehill, am Ende der Royal Mile, April–Okt. 9.30–17.15 Uhr, Nov.–März 9.30–16.15 Uhr.
Trutzige Mauern und Bastionen, von denen man eine schöne Aussicht hat. Im Inneren kann man die mittelalterliche St. Margaret's Chapel, die schottischen Kronjuwelen, die Große Halle und ein Militärmuseum besichtigen.

Grassmarket: Am ehemals hier postierten Galgen baumelten Verbrecher wie die Mörder und Leichenräuber Burke und Hare oder Hexenmeister wie Thomas Weir. Heute säumen den pittoresken Markt und die zu ihm hinunterführende Victoria Street Pubs, ethnische Restaurants und Krimskramsläden.

Greyfriars Church und Kirchhof: Candlemaker Row.
Idyllisch-melancholischer Ort mit vielen grauen alten Grabmälern; hier soll auch der treue Hund Greyfriars Bobby neben seinem Herrchen begraben liegen.

Calton Hill: Den im 19. Jh. von William Henry Playfair auf diesem Hügel errichteten Gebäuden im griechischen Stil verdankt Edinburgh den Beinamen ›Athen des Nordens‹.

Scott Monument: East Princes Street Gardens.
Neogotisches Denkmal für Schottlands Schriftsteller Sir Walter Scott, von dem aus man einen schönen Ausblick hat.

Princes Street: Im 18. Jh. im Zuge des Neustadtausbaus angelegte Hauptgeschäftsstraße; auf der linken, unbebauten Seite die erholsamen Princes Street Gardens.

St. Andrew's Square: Mit diesem Platz begann 1767 der Bau der georgianischen Neustadt.

Charlotte Square: Das Herz der Neustadt, Meisterstück des Architektengenies Robert Adam. No. 7, das **Georgian House,** lädt zu einer Zeitreise ins Leben der betuchten Bewohner ein (April– Okt. Mo–Sa 10–17, So 10–13 Uhr).

Museum of Scotland/ Royal Museum of Scotland: Chambers St., Mo-Sa 10-17, Do bis 20, So 12-17 Uhr.
Neben der Sammlung (Ägypten, Ferner Osten, Naturalia, Waffen u. v. m.) in dem altehrwürdigen Royal Museum, führt das brandneue Museum of Scotland anhand einer Fülle von Exponaten in Schottlands Geschichte ein: Altertümer, Kilt, Film etc.

National Gallery: The Mound, Mo–Sa 10–17, So 14–17 Uhr.
Eine von Schottlands bedeutendsten Gemäldegalerien mit internationalen und schottischen Malergrößen (Wilkie, Ramsay, Raeburn).

National Portrait Gallery: Queen St., Mo-Sa 10–17, So 14–17 Uhr.
Porträts und Andenken großer Schotten von Maria Stuart bis Sean Connery.

Scottish National Gallery of Modern Art/Dean Gallery: Belford Rd., Mo–Sa 10–17, So 14–17 Uhr.
Großzügige Galerie moderner Kunst (v. a. britisch-schottische Künstler) und die neuste, Eduardo Paolozzi gewidmete Galerie.

Königliches Edinburgh: Royal Mile und St. Giles Cathedral

Zoo: Corstorphine Rd., am westlichen Stadtrand, April–Sept. 9–18 Uhr, Okt.–März 9–16.30 Uhr. Bestaunenswerte Pinguinparade um 14 Uhr.

Am nördlichen Stadtrand kann man sich bei einem Spaziergang durch den weltberühmten **Botanischen Garten** erholen (Inverleith Row, 9.30–16 (Nov.–Jan.), bis

17 (Feb., Okt.), bis 18 (Mai, Sept.), bis 19 (April, Juni), bis 20 Uhr (Juli/Aug.)
Im Hafenvorort **Leith,** der seit den letzten Jahren ›in‹ ist, kann man phantastisch essen und trinken. Seit jüngstem ist die ehemalige königliche **Yacht ›Britannia‹** im Hafen zu besichtigen.
Ein Tagesausflug führt rund um den Firth of Forth: dem hochherrschaftlichen **Hopetoun House** (E 8, Ostern–Sept. 10–17 Uhr), den Ruinen des Renaissance-Königspalastes von **Linlithgow** (E 9), dem hübschen **Culross** (E 8) mit seinem geschlossen aus dem 17. Jh. stammenden Stadtbild und der romanischen **Abtei von Dunfermline** (E 8), wo der große Bruce begraben liegt (Stand., Okt.–März Do nachmittags/Fr geschl.).

Tourist Information:
3 Princes St. (im Waverley-Bahnhof), Tel. 473 38 00,
Zentralreservierung Tel. 473 38 55.

Eglington Youth Hostel: 18 Eglington Cr., Tel. 337 11 20, günstig.

Bruntsfield Youth Hostel: 7 Bruntsfield Cr., Tel. 447 29 94, Fax 452 85 88, günstig.

Beide Jugendherbergen Grade 1 Superior, Rezeption ganztägig.

Belford Hostel: 6/8 Douglas Gardens, Tel. 225 62 09, günstig.

DZ und Schlafsäle in alter Kirche.

Allan Lodge Guest House: 37 Queens Cr., Tel./Fax 668 29 47, günstig bis moderat.

Schlichte, freundliche Familienpension in Gehentfernung vom Zentrum. Ein Nichtraucher-Haus!

Beverley Hotel: 40 Murrayfield Ave., Tel. 337 11 28, Fax 445 19 94, moderat.

Privat geführtes Hotel in ruhiger Wohnsiedlung; Parkmöglichkeit.

Ailsa Craig Hotel: 24 Royal Terr. (am Calton Hill), Tel. 556 60 55-10 22, Fax 556 60 55, moderat.

An einem der schönsten georgianischen Straßen der Stadt; geräumige, geschmackvoll eingerichte-

»Galoppierende Pferde« zu Füßen von Edinburgh Castle

te Zimmer (bestellen Sie eines mit Parkblick); exzellentes Preis-Leistungs-Verhältnis.

Northumberland Hotel: 31/33 Craigmillar Park, Tel. 668 31 31, Fax 667 55 55, moderat.
Zwei wunderschöne georgianische Neustadthäuser, 10 Min. mit dem Bus vom Zentrum entfernt. So beliebt, daß man am besten Wochen im voraus bestellt!

St. Bernard's Guest House: 22 St. Bernard's Cr., Tel. 332 23 39, Fax 332 88 42, moderat.
Im schicken Stadtteil Stockbridge mit seinen vielen Antiquitätenläden; zweckmäßige Zimmer.
Viele weitere **B & Bs** findet man z. B. an der Ferry Road nördlich des Botanischen Gartens.

Bedford House: 77 Promenade, Joppa, Tel. 669 42 64, Fax 669 57 33, moderat.
Viktorianische Villa, frisch renoviert, im Seebadevorort Joppa.

Malmaison: Tower Pl., Leith, Tel. 468 50 00, Fax 468 50 02, teuer.
Ehemaliges viktorianisches Seefahrerheim mit Flair und schönen Blicken über heruntergekommene Hafengebiete und schick sanierte Häuserreihen in Leith. Inneneinrichtung im Designerstil der 90er Jahre mit historischen Elementen und witzigen Zitaten aus der Ära Napoleons. Preiswerte Brasserie.

Bruntsfield Hotel: 69–74 Bruntsfield Pl., Tel. 229 13 93, Fax 229 56 34, teuer/Luxus.
Südlich des Theaterzentrums um Tollcross – Zimmer mit Parkblick bestellen! Das große viktorianische Gebäude mit seinen Erkern ist zweckmäßig eingerichtet und hat einen Wintergarten; gutes Preis-Leistungs-Verhältnis.

Balmoral: 1 Princes St., Tel. 556 24 14, Fax 557 37 47, Luxus.
Direkt am Waverley-Bahnhof. Das frühere North British Hotel, schon vom Namen her ein Affront für jeden Schotten, hat 1991 – luxuriös – renoviert wiedereröffnet. Einen erschwinglichen Einblick in den Luxus bekommt, wer im Palmencafé einen Tee oder in einer der Bars einen Whisky nimmt.

Dubh Prais: 123B High St., Tel. 557 57 32.
In diesem gemütlichen, informellen ›Keller‹ an der Royal Mile gibt es was fürs Geld: z. B. einen Hasen mit Kastanien-Thymian-Füllung; freundlicher Service, viele Einheimische.
Drum & Monkey: 80 Queen St., Tel. 538 81 11.
Im Erdgeschoß populäre Weinbar, im georgianischen Basement recht preiswertes Restaurant mit viel dunklem Holz und neogotischen Zitaten.
The Shore: 3/4 Shore, Leith, Tel. 553 50 80.
Im gemütlichen Nebenzimmer des immer vollen Pubs mit Live-Musik trifft sich ein junges Publikum zu köstlichen Seafood-Kreationen wie Jakobsmuscheln in Pernod-Sauce; im voraus bestellen.
The Witchery by the Castle: Castlehill, Tel. 225 56 13.
Eine Institution unterhalb der Burg. Sehenswerte ›hexische‹ Einrichtung, die Qualität des Essens leidet unter dem großen Andrang.
Vintners Rooms: 87 Giles St., Leith, Tel. 554 67 67.
Unter einer üppig mit Putten geschmückten Stuckdecke goutiert man französisch angehauchte Küche in einem historischen Gemäuer, das von alters her im Dienst des Weines stand. Vor dem Essen ein Drink an der mit Weinregalen gesäumten Bar.
Laigh Kitchen: 117A Hanover St.
Der *tea room* ist eine Institution.
Gute **Cafeterias,** auch für Snacks am Mittag, gibt es im Botanischen Garten, der Gallery of Modern Art, der National Portrait Gallery, dem Royal Scottish Museum und St. Giles.

Im unterirdischen **Waverley Shopping Centre** am Bahnhof bekommt man ein Einkaufserlebnis im Fast-food-Stil, im viktorianischen, alteingesessenen Kaufhaus **Jenners**, 4 Princes St., das Ganze etwas stilvoller.

Trödel und Antiquitäten kauft man im **Byzantium,** 9 Victoria St., einer ehemaligen Kirche, sowie um den **Grassmarket,** wo während des Festivals ein Straßenmarkt stattfindet, oder in *trendy* Stockbridge, vor allem an der St. Stephen St.

Café Royal: 7 West Register St.
Seit über 100 Jahren Treffpunkt von Künstlern und Bohème; unter bunten Kachelbildern, in prächtig-plüschiger Atmosphäre, ißt man auch recht gut, z. B. Austern.
The King's Wark: 36 The Shore, Leith. Gemütlich, gutes Essen.
Waterfront Wine Bar: 1C Dock Pl., Leith, Tel. 554 74 27.

Auf dem Military Tattoo

Werbung fürs Fringe Festival

Eine Institution. Eine der besten Weinkarten; schmackhafte, preiswerte Speisen in rustikal-studentischer Atmosphäre.
Edinburghs berühmte **Pubs** konzentrieren sich im West End unterhalb des Charlotte Square und um den Grassmarket:
The Abbotsford: 3 Rose St.
Altmodische, schöne Einrichtung, mit Restaurant.
Fiddler's Arms: 9 Grassmarket.
Folk-Musik, unverfälschte Atmosphäre.
The Tron Ceilidh House:
Hunter Sq. Folk-Musik live.

Karten fürs Edinburgh International Festival: im neu eröffneten Festival Centre, Castlehill (Festival Club, Box Office, Café, Ausstellungen): Tel. 473 20 00-1, Fax 473 20 02; fürs Fringe Festival: 180 High St., Tel. 226 52 57, Fax 220 42 02; fürs Military Tattoo: Ticket Centre, 32 Market St., Tel. 225 11 88, Fax 225 86 27.
Edinburgh Festival Theatre:
13/29 Nicolson St., Tel. 529 60 00. Größtes und modernstes schottisches Theater; Architekt Colin Ross hat ein altes edwardianisches Theater inkorporiert.
King's Theatre:
2 Leven St., Tel. 229 48 40.
Eine neobarocke Symphonie in Gold und Purpur – sehenswert.
Traverse Theatre: 10 Cambridge St., Tel. 228 3223.
Experimentelle, moderne Stücke.
Feste: Dez./Jan.: **Hogmanay** (s. S. 14, Tel. 557 39 90); April: **Folk und Science Festival;** Juni: **Royal Highland Agricultural Show;** Aug.: **Edinburgh International Festival** (s. o. und S. 15); **Book Festival,** Charlotte Square, alle zwei Jahre, das nächste ist 2001.

Flughafen: Ingliston International Airport,
Tel. 333 10 00, 11 km westlich. Halbstündlich Busse von/nach Waverley Station; Taxi zur City etwa 12 £. Alle großen Autovermietungen haben eine Niederlassung.
Bahn: Hauptbahnhof Waverley Station, Infos Tel. 03 45/48 49 50. Intercity-Züge von Londons King's Cross (4 Std.). Verbindungen in zahlreiche englische und schottische Städte, auch mit Schlafwagen, z. B. Inverness, Fort William.
Bus: Hauptbusbahnhof
St. Andrew's Sq., New Town.
Zwei Firmen betreiben das ausgedehnte innerstädtische und Lothian-Netz, ›Lothian Region Transport‹ (LRT, dunkelrot-weiße Busse, 27 Hanover St.) und SMT/›Eastern Scottish‹ (grün-beigefarbene Busse, Andrew's Square Bus Station). Infos für beide Linien bei ›Traveline‹, Tel. 225 38 58. Überland-

busse in alle schottischen Regionen; beim Fahrer zahlen.
Autovermietung: Arnold Clark, Tollcross, Tel. 228 47 47.
Stadtbesichtigung: Klassische Stadtrundfahrt mit oben offenen Bussen des LRT, Start täglich etwa alle 45 Min. ab Waverley Bridge, man kann an allen Stationen aus- und zusteigen. Machen Sie eine nächtliche ›Ghost Tour‹ zu schauerlichen Stätten von Spuk und blutigen Mordtaten, für die Edinburgh so berühmt ist (›Witchery Tours‹, Tel. 225 67 45).

Elgin

Lage: E 4
Vorwahl: 013 43
Einwohner: ca. 16 000

Günstiger Ausganspunkt für den **Malt Whisky Trail** (s. Extra-Tour 1, S. 84f.).

Kathedralruine: North College St., Okt.–März Do nachmittag/Fr geschl.
Die ›Leuchte des Nordens‹, 1390 vom ›Wolf von Badenoch‹ in Schutt und Asche gelegt.

Naturkundemuseum: 1 High St., April–Okt. Mo–Fr 10–17, Sa 11–16, So 14–17 Uhr.
Glanzstück des preisgekrönten Museums sind die piktischen *burghhead bulls*.

Ausflüge an der Küste entlang führen in den georgianischen Kurort **Banff** (F 4), zu William Adams **Duff House** zwischen Banff und Macduff und in Fischerörtchen, die sich unter die Klippen ducken: **Gardenstown, Crovie** und **Pennan.**

Tourist Information: 17 High St., Tel. 54 26 66.

The Lodge Guest House: 20 Duff Ave., Tel./Fax 54 99 81;
Mrs. C. C. Ann Cartmell: The Croft, Institution Rd., Tel./Fax 54 60 04, beide günstig.
Zwei reizende, komfortable private Pensionen in historischen Häusern; Zimmer großteils ensuite.
Mansefield House Hotel: Mayne Rd., Tel. 54 08 83, Fax 55 24 91, teuer bis moderat.
Elegantes georgianisches Stadthaus mit preiswertem Restaurant und dezentem Luxus.
Mansion House Hotel & Country Club: The Haugh, Tel. 54 88 11, Fax 54 79 16, Luxus bis teuer.
Neobaroniales Haus in Stadtnähe; viktorianische Einrichtung; Swimmingpool und Fitness-Studio. Eine Entdeckung ist das Restaurant mit klassischer Küche.

Falkland

Lage: F 8
Vorwahl: 01337
Einwohner: ca. 900

Der anheimelige Ort besitzt den vielleicht schönsten **Renaissance-Königspalast** Schottlands, der teilweise wiederaufgebaut und eingerichtet wurde. Im Park liegt der Welt ältester Real Tennis Court von 1539, der noch bespielt wird.

Falkland Palace: Palast und Gärten April–Okt. Mo–Sa 11–17.30 Uhr, So 13.30–17.30 Uhr.
In den prunkvollen Gemächern lassen sich Tafelfreuden und Luxus der Maria-Stuart-Zeit erahnen.

Mit einem Bötchen setzt man vom Kinross Pier zur Tower-House-Ruine **Leven Castle** im Loch Leven über, wo Maria Stuart gefangengehalten wurde.

Oakbank Guest House: Mrs. L. Stephen, The Pleasance, Tel. 85 72 87, günstig. B & B in schönem altem Haus.

Kind Kyttock's Kitchen: Cross Wynd. Renommiertes Café *(tea room)* mit legendärer *home bakery*.

Fort Augustus

Lage: C 5
Extra-Tour 5: S. 92f.
Vorwahl: 013 20
Einwohner: ca. 600

Tourist Information: Car Park, Tel. 36 63 67.

Fort Augustus Abbey: Tel. 36 62 33, Fax 36 62 28, günstig.
Die Brüder vermieten schlichte, saubere Zimmer; oft ausgebucht.
Lovat Arms Hotel: zwischen Fort Augustus und Fort William an der A 82, Tel. 36 62 06, Fax 36 66 77, moderat.
Angenehm altmodischer viktorianischer Landgasthof; ebensolche gute Landhausküche.

Loch Inn: am Caledonian Canal. Ein beliebter, traditioneller Pub mit *grub* und Live-Musik.

Fort William

Lage: C 6
Extra-Tour 5: S. 92f.
Vorwahl: 01397
Einwohner: knapp 5 000

Road to the Isles: So heißen die ca. 75 km auf der A 830 von Banavie bis Mallaig, weil von dort die Fähren zu den sogenannten Kleinen Inseln Rhum, Eigg, Canna und Muck sowie nach Skye abfahren. Die berühmte Aussichtsstrecke, eine der schönsten Schottlands, kommt an der hohen Säule des **Glenfinnan Monument** vorbei, eines Denkmals für die jakobitische Erhebung von 1745 mit Besucherzentrum (April/Mai und Sept./Okt. 10–17 Uhr, Mai–Aug. 9.30–18 Uhr). Weiter geht es am grandiosen Loch Eilt entlang und zu den **Silver Sands of Morar,** Badebuchten zwischen dem beschaulichen Arisaig und dem Fischerort Mallaig.
Für Einsamkeitsfanatiker empfiehlt sich eine Fahrt durch das rauhe **Moidart** (B 6) auf die nicht minder rauhe **Ardnamurchan-**Halbinsel. Das neu eröffnete Besucherzentrum im Leuchtturm am Ardnamurchan Point (A 6) führt in die Geschichte und Technik der schottischen Leuchttürme ein (April–Okt. tägl. 10–18 Uhr).

Tourist Information: Cameron Sq., Tel. 70 37 81.

Glen Nevis Youth Hostel: am Fuß des Ben Nevis, Tel. 70 23 36, günstig.
Grade 1; idealer Ausgangspunkt für Wanderer.
Rhu Mhor Guest House: Alma Rd., Tel. 70 22 13, günstig.
Schöne Villa; sieben Zimmer mit Etagenduschen.
Crolinnhe Guest House: Grange Rd., Tel. 70 27 09, moderat.
Dito. Schöner Garten. Die neo-

Ein prämierter Zuchtbock kann über 50 000 Pfund kosten

viktorianische Einrichtung in Rosa und Rüschen ist angenehm betulich; herzlicher Empfang und ein abwechslungsreiches Frühstück, z. B. Obstteller, Quark.

The Old Library Lodge and Restaurant: High St., Arisaig, Tel. 016 87/45 06 51, Fax 45 02 19, moderat bis teuer.
Altes Steinhaus am Meer mit Blick auf die Hebriden, auch von den Zimmerbalkonen aus; köstliches *seafood* im Restaurant – etwas rundum Besonderes.

Crannog: Town Pier, Tel. 70 55 89.
›Mutterhaus‹ der Seafood-Kette (s. S. 16) an der Uferpromenade.

An Crann: Seangan Bridge, Banavie, Tel. 77 20 77.
In renovierter alter Scheune; tagsüber Suppen, Salate und hausgemachte Backwaren, abends inspirierte gutbürgerliche Küche.

Arisaig Hotel: in Arisaig. Gute Whisky-Auswahl.

Feste: Anfang September findet das berühmte **Ben-Nevis-Bergrennen** statt.

Bus/Bahn: Bus- und Bahnhof Belford Rd., Tel. 03 45/ 48 49 50.
Eine Fahrt mit der ›West Highland Line‹ bis Mallaig – die ›Road to the Isles‹ auf Schienen; im Sommer wird auf der Strecke eine Dampflok, ›The Jacobite‹, eingesetzt (Tel. 01524/73 21 00).
Schiff: ›Seal Cruises‹, Town Pier am Crannog-Restaurant, Tel. 70 55 89, April–Sept.
Bootstour mit der ›Souter's Lass‹ zu Seehundbänken und Austernfischern.

Gairloch

Lage: B 4
Vorwahl: 014 45
Einwohner: ca. 300

Nördlich, karg und sympathisch liegt das Örtchen in einer von

Schottlands Schicksalstal: Glencoe

Schottlands schönsten, verlassensten Hochlandregionen.

Inverewe Gardens: Poolewe, 9.30–21, Nov.–März bis 17 Uhr.
Der riesige Garten, für seinen Rhododendron (Blütezeit Mai/Juni) und den Meeresblick berühmt, ist wohl der schönste im Land.
Loch Maree: Am Südufer des Sees gehen von einem Parkplatz markierte Rundwege ins Bergwandererparadies des Torridon-Massivs ab.

Tourist Information: Auchtercairn, Tel. 712130.

Rua Reidh Lighthouse: Melvaig, Tel./Fax 77 12 63, günstig.

Jugendherberge und B&B ensuite im Leuchtturm 18 km nördlich des Ortes, mit Verpflegung.
The Mountain Restaurant and Lodge: Strath Sq., Tel. 71 23 16, moderat bis günstig.
Wandererherberge mit einem alternativ-rustikalen Wintergartenbistro; serviert werden schmackhafte, deftige Riesenportionen im Kerzenschein – probieren Sie den Ingwerlikör. Moderne, preiswerte Zimmer.
Little Lodge: North Erradale, an der B 8021 nördlich von Gairloch, Tel. 77 12 37, moderat.
Die ›kleine Lodge‹ hat drei Zimmer (ensuite) in einem charmanten Crofthaus und eigenes Federvieh, einen Küchengarten und leicht alternativen Flair; nur Halbpension für 45–50 £.

Steading Restaurant: im sehenswerten Gairloch Heritage Museum (Ostern–Okt. Mo–Sa 10–17 Uhr), Tel. 71 24 49. *Tea room*, Mittagssnacks, im Sommer auch Dinner.

Glamis Castle

Lage: F 7

In diesem türmchenbewehrten Prachtschloß im Baronialstil wurde die Königinmutter geboren (27. März–Okt. Mo–Sa 10.30–17.30 Uhr). 10 km westlich zeigt das **Museum von Meigle** einige der schönsten Piktensteine des Landes (Stand., Okt.–März geschl.).

Glasgow

Lage: D 9
Vorwahl: 01 41
Einwohner: ca. 900 000

Glasgow – Europas Kulturhauptstadt von 1990 und Architekturhauptstadt von 1999 – hat in den letzten Jahren viel Mühe darauf verwandt, sein Negativ-Image einer schmuddeligen Industriestadt abzustreifen. Die Stadt ist wegen den vielen Ateliers, Festivals, Ausstellungen und dem geplanten Design-Museum als Design-Zentrum bekannt. Die ehrgeizige Museen- und Kulturszene, das Jugendstilerbe von Charles Rennie Mackintosh und die stolzen, in allen Neo-Baustilen prangenden Bauten der Industriekapitäne des 19. Jh., Glasgows Goldenem Zeitalter, sind allemal eine Reise wert. Wirklich schön ist diese Stadt der Gegensätze, das Nebeneinander von Designerschick und Arbeitslosenelend, tristen Betonblocks und edlen Wohnviertel nur an ganz wenigen Ecken. Aber wer sich einmal dem geschäftigen Charme geöffnet und die wundervollen Pubs und Restaurants kennengelernt hat, den wird es immer wieder in Schottlands größte Metropole ziehen.

Botanischer Garten: Eingang 730 Great Western Rd., 7 Uhr bis zur Dämmerung, Kibble Palace 10–16.45 Uhr. Schwerelos wirkende viktorianische Gewächshäuser, vor allem der wundervolle **Kibble Palace.**
City Chambers: George Sq., Tel. 287 20 00, Führungen Mo–Fr 10.30 und 14.30 Uhr.
Prunkvolles Stadthaus im Stil der Renaissance, Herz und Paradestück der viktorianischen *merchant city*, der Stadt der Stahl- und Tabakbarone.
George Square: Weiter Platz vor den City Chambers, mit Denkmälern u. a. von Burns, Queen Victoria und Walter Scott.
Glasgow Green: Im weitläufigen Park befindet sich der viktorianische **People's Palace** mit Gewächshaus und Café sowie das **People's Museum** zur Geschichte der Stadt und ihrer Menschen.
Glasgow University: Das etwas düstere neogotische Universitätshauptgebäude an der University Ave. thront auf einem Hügel im schönen, weiten Kelvingrove Park.
Nekropolis: Auf dem Hügel hinter der Kathedrale liegt die phantastische Gräberstadt der Reichen des 19. Jahrhunderts – Schottlands schönster Friedhof ist ein absolutes Muß!
St. Mungo's Cathedral: Castle St., April–Sept. Mo–Sa 9.30–18.30, So 14–18.30 Uhr, Okt.–März Mo–Sa 9.30–13, 14–16, So 14–16 Uhr.

Swinging Glasgow: Pub- und Jugendkultur wird großgeschrieben

Die schöne gotische Kathedrale ist der Nukleus der Altstadt.

Glasgower **Museumsöffnungszeiten,** falls nicht anders angegeben: Mo, Mi–Sa 10–17, So 11–17 Uhr.

Burrell Collection: im Pollok Country Park ein paar Kilometer südlich der Innenstadt.
In Qualität und Quantität überwältigende Sammlung des Glasgower Mäzens Sir William Burrell: die Kunst der ganzen Welt.

Gallery of Modern Art: An der Queen Street, in der ehemaligen Börse von 1827, hat 1996 das Museum für Moderne Kunst mit einer phantastischen Kollektion in edelster Designumgebung neu eröffnet; schönes Dachcafé mit Wandgemälden.

Glasgow School of Art:
167 Renfrew St., mit Führung, Mo–Fr 9.30–17 Uhr, Sa 10–12 Uhr, Tel. 353 45 26.
Die Kunsthochschule wurde von Glasgows großem Jugendstil-Architekten Charles Rennie Mackintosh (1868–1928) um 1900 erbaut.

Hunterian Art Gallery:
Hillhead St., Mo–Sa 9.30–17 Uhr. Hervorragende Gemäldesammlung sowie **Mackintosh House,** eine Rekonstruktion des Wohnhauses von Charles Rennie Mackintosh – ein Muß!

Kelvingrove Museum: Argyle St., auch Di geöffnet.
Ein Riesenmuseum in einem Bau von um 1900: Archäologie, Natur- und Völkerkunde, schottische Geschichte, Gemälde u. v. m.

The Lighthouse: Mitchell Lane.
Das postmodern aufgehübschte Mackintosh-Gebäude mit einer Ausstellung zum Erbauer ist das neue Flaggschiff der Glasgower Architektur- und Designszene.

Museum of Transport: Bunhouse Rd. Eine interessante Schau der guten alten Glasgower Straßenbahnen, Schiffe, Autos etc.

Pollok House: im Pollok Country Park.
In dem hübschen georgianischen Herrenhaus wird die Sammlung

eines anderen Mäzens, Sir William Stirling Maxwell, gezeigt, hauptsächlich alte spanische Meister.

St. Mungo's Museum of Religious Life and Art:
Castle St., neben der Kathedrale. Das Museum der Weltreligionen ist weltweit das einzige dieser Art: Es zeigt gleichberechtigt Exponate zu den sechs Weltreligionen; mit Zen-Garten und tanzendem Shiva.

Der klassische Sonntagsausflug der Glaswegians ging und geht *doon the watter* auf dem Raddampfer **›P.S. Waverley‹** durch reizvolle Landschaft den Clyde hinunter. Im Norden warten die in einem Volkslied besungenen *bonnie banks of Loch Lomond* (D 8), Schottlands größtem See.

Ca. 45 km südöstlich der Stadt liegt **New Lanark** (E 9) mit einer

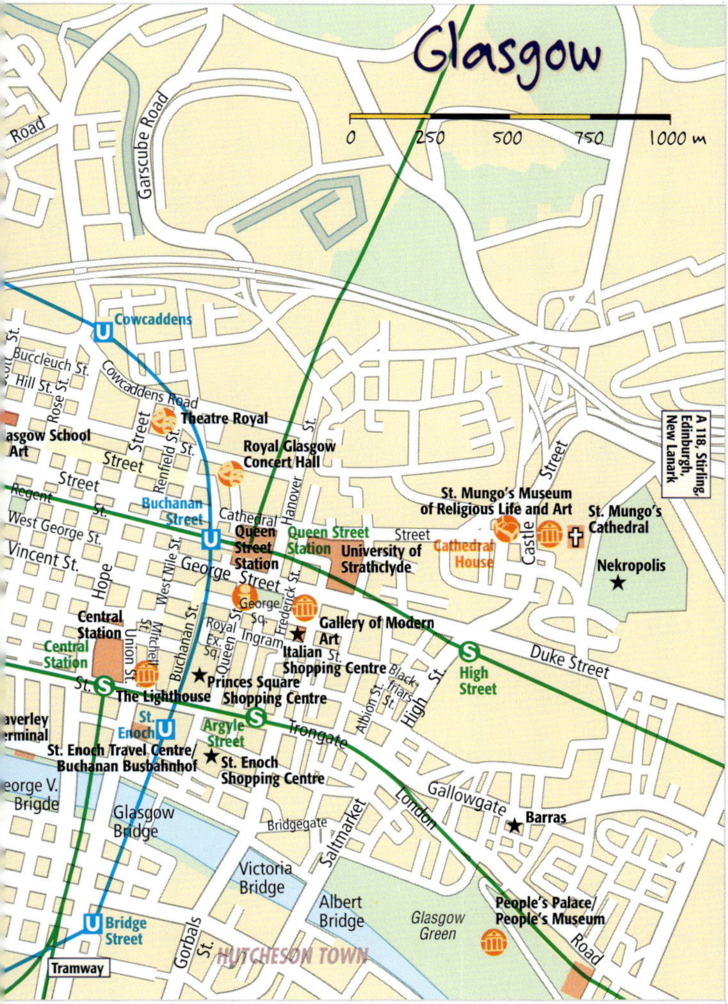

Baumwollfabrik und angegliederter Arbeitersiedlung, wo der Sozialreformer Robert Owen (1739–1806) in einer Modellsiedlung seine humanitären Konzepte verwirklichte. Ein Muß für jede englische Schulklasse und ein wenig Disney-Land-Atmosphäre (11–17 Uhr); von hier aus kann man zu den schönen **Clyde Falls** spazieren.

Tourist Information: 11 George Sq., Tel. 204 44 00.

Glasgow Youth Hostel: 7/8 Park Terr., Zentrumsnähe, Tel. 332 30 04, günstig. Grade 1 Superior; in schöner viktorianischer Häuserzeile. Mehrere **Universitätswohnheime** bieten in den Semesterferien

(Ostern, Juli–Sept.) Einzel/Doppelzimmer für Selbstversorger; zentrale Auskunft der University of Glasgow:
Tel. 330 53 85, Fax 334 54 65 und der University of Strathclyde Tel. 553 41 48, Fax 553 41 49.

Mrs. D. Hallam: Park House, 13 Victoria Park South, Tel. 339 15 59, Fax 576 09 15, moderat.
Zwei nett eingerichtete Zimmer in hübscher Privatvilla. Der sehenswerte versteinerte **Fossil Grove** im Victoria Park ist nur einen Spaziergang weit entfernt.

Cathedral House: 28/32 Cathedral Sq., Tel. 552 35 19, Fax 552 24 44, moderat.
Geschmackvoll renoviertes viktorianisches Haus mit Türmchen und Erkerchen in einer relativ verkehrsreichen Gegend. Einige Zimmer haben Blick auf die Kathedrale.

The Kirklee: 11 Kensington Gate, Tel. 334 55 55, Fax 339 38 28, moderat.
In den ruhigen, gutbürgerlichen Wohnvierteln mit viel viktorianischer Bausubstanz am **West End** wohnt es sich in Glasgow am schönsten. Gepflegter Vorgarten, schöne sandsteinrote viktorianische Reihenhausvilla, gemütliche Lounge mit elektrischem Kamin, die Zimmer sind allerdings nicht umwerfend hübsch.

The Town House: 4 Hughenden Terr., ruhige Wohnstraße an der Great Western Rd., Tel. 357 08 62, Fax 339 96 05, moderat.
Freundliche Familienpension nahe dem nachtaktiven West End. Genießen Sie den Garten und das preisgünstige und schmackhafte Abendessen.

Victorian Guest House: 212 Renfrew St., Tel. 332 01 29, Fax 353 31 55, günstig.
Riesenpension in viktorianischem Haus nahe der Glasgow School of Art mit über 40 Zimmern, fast alle mit Bad; der Preis ist den Zimmern angemessen.

The Malmaison Glasgow: 278 West George St., Tel. 572 10 00, Fax 572 10 02, Luxus.
Der Bruder des Edinburgher Hotels Malmaison liegt im Zentrum der Stadt bei den City Chambers; bewohn- und bezahlbares postmodernes Innendesign von Ken McCulloch.

One Devonshire Gardens: 1 Devonshire Gardens, an der Great Western Rd., Tel. 339 20 01, Fax 337 16 63, Luxus.
Jedes Zimmer mit eigenem Farb- und Einrichtungskonzept hinter georgianischer Edelfassade; ein Service wie in der guten alten Zeit. Die Topadresse Glasgows kostet um die 100 £.

Glasgow hat die wohl beste Küche Schottlands. Da die Glaswegians gerne und oft ausgehen, ist Vorbestellung immer ratsam. Treffpunkt **Ashton Lane:** Pittoreske Hinterhofgasse im viktorianischen Wohnviertel.
Im Stadtteil **Dowanhill** gibt's zahlreiche Pubs, Brasserien und Restaurants.

St. Vincent: 78 St. Vincent St., Tel. 248 78 78.
Brandneu, in schick restauriertem Phoenix Building; preiswerte französische Küche mit schottischem und fernöstlichem Touch.

Creme de la Creme: 1071 Argyle St., Tel. 221 32 22.
Den postmodern bis neureich designten Riesensaal eines ehemaligen Kinos muß man gesehen haben. Einfallsreiche, köstliche indische Küche mit freundlicher Bedienung, die auch gern bei der Auswahl berät.

Cul de Sac: Ashton Lane, Tel. 334 47 49.

Busy Bistro mit gutem Essen in Gesellschaft der Jeunesse dorée von Glasgow.

Pierre Victoire: 165 Hope St., Tel. 221 91 30 und 91 Miller St., Tel. 221 75 65.

The Buttery: 652 Argyle St., Tel. 221 81 88.

In einem häßlichen Neubaugebiet ragt das georgianische Haus mit einem der renommiertesten Eßtempel der Stadt auf. Distinguiert-gemütliche, sehr schottische Atmosphäre; exquisite Köstlichkeiten, z. B. Jakobsmuscheln mit gebratenem Schinken und Wasserkresse, Wild, Hors d'Oeuvres mit Erdbeersauce. Kostet, aber lohnt. **The Belfry,** Tel. 221 06 30, der preiswertere kleine Bruder im selben Haus, ist auch nicht zu verachten.

The Ubiquitous Chip: 12 Ashton Lane, Tel. 334 50 07.

In einem offenen, steingedeckten und dschungelartig bewachsenen Innenhof; eine der innovativsten und schmackhaftesten Küchen, z. B. vegetarischer Haggis, Kartoffel-Rüben-Püree oder Hafer-Eis; bester Weinkeller des Landes, Weinladen. **Upstairs at the Chip** ist der preiswertere kleine Weinbarbruder im selben Gebäude. Tisch auf der Galerie bestellen!

Victoria & Albert: 159 Buchanan St., Tel. 248 63 29.

Ein beliebter, preiswerter Treff für Geschäftsleute und Theaterbesucher mit viktorianischem Flair.

Tea Rooms: Café im Pollok House (s. S. 53f.). Mittagssnacks in großer edwardianischer Küche des ursprünglichen Dienstbotenkellers.

University Café: 87 Byres Rd.

Ein legendäres 50er-Jahre-Studentencafé mit Stanioldeko und Take-away.

Willow Tea Room: 217 Sauchiehall St., Tel. 332 05 21

Das 1903 von Mackintosh entworfene creme-rosafarbene Café mit dem durchgängigen Weidenmotiv und den hohen Stuhllehnen

Ausdruck von Scottishness und Wirtschaftsfaktor: der Kilt

wurde relativ originalgetreu wiederaufgebaut und ist sehr beliebt. Schlangestehen wird mit gutem Kuchen und Lunch belohnt.

Die Stadt des Designs ist berühmt für ihre gigantischen Einkaufszentren.

Princes Square Shopping Centre: Meist edle Boutiquen in schniekem mehrstöckigem Konsumtempel um einen offenen Innenhof.

St. Enoch Shopping Centre: Futuristischer, weniger feiner Einkaufsdschungel, Schlittschuhbahn, viel Fast food und Brasserien.

Italian Shopping Centre: Schicke Cafés und Restaurants, Boutiquen der Edeldesigner von Armani bis Versace.

Victorian Village:
57 West Regent St.
Antikmarkt in altem Warenhaus; Mackintosh-inspiriertes Kunsthandwerk unter dem **Willow Tea Room** (s. S. 57f.).

Barras: Gallowgate,
Sa/So 9–17, Mi–Fr 10–16 Uhr.
Europas größter überdachter Markt mit einzigartiger, ›proletarischer‹ Atmosphäre: das alte Glasgow. Trödel und alles, was bunt und billig ist.

Das **West End** um Byres Road und Ashton Lane ist nach Sonnenuntergang das größte Amüsierzentrum Glasgows, doch auch im Zentrum ist nachts eine Menge los.

Bars: Baby Grand, 3/7 Elmbank Gardens. Coole Nachtbar inmitten des Asphaltdschungels um Charing Cross. **De Quincey's,** 71 Renfield St. Einzigartige maurische Kachelpracht, ein schicker, beliebter Treff nahe dem Zentrum.

Pubs: The Exchequer, 53/61 Dumbarton Rd. Essen im Restaurant und volle, laute Jugendladung im trödelartigen Pub mit Riesen-Wodka-Auswahl. **Griffin,** 266 Bath St. Billiger, fettiger Lunch für Glasgows Geschäftsleute, Hektik in historischer Umgebung. **Hogs Head,** Argyle St., gegenüber dem Kelvingrove Museum. Alter, gemütlicher Pub mit Live-Musik. **Murphy's Pakora,** 1287 Argyle St. Bunter Pub mit indischem Pakoras zu Murphy's Stout.

Die meisten Veranstaltungen können beim Ticket Centre, Candleriggs, Tel. 287 55 11, gebucht werden. Im Winter Aufführungen der in Glasgow beheimateten Scottish Opera, des Scottish Ballet und des Royal Scottish National Orchestra, z. B. im **Theatre Royal,** Hope St., Tel. 332 90 00, oder **Royal Glasgow Concert Hall,** Tel. 332 66 33.

Tramway: 25 Albert Dr., Tel.
422 20 23, 423 32 98
Avantgardistische Bühne von Peter Brooke mit Weltgeltung.

Feste: Jan.: **Celtic Connections;** Juli: **Jazzfestival;** Aug.: **World Pipe Band Championships.**

Flughafen: Internationaler Flughafen Abbotsinch, Paisley, 13 km südwestlich von Glasgow; Infos Tel. 887 11 11; Bus- und Bahnverbindung nach Glasgow; Taxi etwa 12 £. Alle großen Autovermieter.

Bahn: Von Bahnhöfen Central und Queen Street Fernzüge von ›ScotRail‹ innerhalb Schottlands, von Central mit InterCity nach England; Zugauskunft 03 45/ 48 49 50. Ausgezeichnetes Netz von Vorortzügen. Auskunft zu Bahn, Bus, U-Bahn im Travel Centre, St. Enoch Square, Tel. 226 48 26. Broschüren: Zeitplan (›Underground Timetable and

Guide‹) und Verkehrsnetzplan (der un-verzichtbare ›Visitors Transport Guide‹) zu öffentlichen Verkehrsmitteln von Glasgow. Zahlreiche Spartickets.
U-Bahn: Es gibt einen in beide Richtungen verlaufenden U-Bahn-Ring um die Innenstadt. Züge verkehren alle 4 bis 8 Min. (Mo–Sa 6.30–22.55, So 11–18 Uhr). In jeder Station findet man einen Fahrkartenstand, an dem Karten verkauft werden und Broschüren erhältlich sind.
Bus: Fernbusse vom Buchanan Busbahnhof hinter St. Enoch Travel Centre, Mo–Sa 6.30–22.30, So 7–22.30 Uhr, Tel. 332 71 33.
Autovermietung: Arnold Clark, Vinicombe St., Tel. 334 95 01; Castlebank St., Tel. 339 98 86; Kilmarnock Rod., Tel. 637 22 41.
Schiff: Vergnügungsfahrten auf dem Clyde mit Raddampfer ›P.S. Waverley‹ starten Mai-Sept. ab dem Glasgow Waverley Terminal, Anderston Quay, Tel. 221 81 52.

Inveraray

Lage: C 8
Vorwahl: 014 99
Einwohner: ca. 500

Weiß und schwarz gestrichene, adrette georgianische Häuschen und ein Glockenturm bilden die pittoreske ›Skyline‹ des Örtchens inmitten einer der schönsten Hochlandregionen.

Inveraray Castle: 1 km nördlich des Ortes, April–Okt. Mo–Sa 10–12.30 und 14–17, So 13–17 Uhr, Juli/Aug. Mo–Sa 10–17, So 13–17 Uhr. Märchenhafter Stammsitz der Herzöge von Argyll und Clanchiefs der Campbells: *gothic revival*.

Auchindrain Old Highland Township: 8 km südwestlich des Ortes, April–Sept. 10–17 Uhr. Komplettes Dorf als Museum.
Jail: Church Sq., 9.30–17 Uhr. Schottlands bestes Gefängnismuseum mit lebendiger Präsentation: Schauzellen, Gerichtsverhandlung mit lebensgroßen Puppen, Schauspieler.

Das **Kilchurn Castle** (C 7) liegt 20 km nördlich des Ortes. Eine von Schottlands schönsten Burgruinen in gebieterischer Lage am Loch Awe.

Tourist Information: Front St., Tel. 30 20 63.

Hostel: Dalmally Rd., Tel. 30 24 54, günstig. Grade 2.
Mrs. MacLaren: Old Rectory, Newton, Tel. 30 22 80, moderat. Georgianisches Pfarrhaus Nähe Zentrum an A 83, einfach.
The Great Inn: Seafront, Tel. 30 24 66, Fax 30 23 89, moderat. Klassischer Landgasthof am Hafen mit gutem *pub food*.
Thistle House: St. Catherine's, auf dem gegenüberliegenden Fyne-Ufer, Tel. 30 22 09, Fax 30 25 31, moderat. Wunderbares, luxuriöses viktorianisches Guest House inmitten eines Parks, Zimmer ensuite.
The Creggans Inn: Strachur, auf dem gegenüberliegenden Ufer, Tel. 013 69/ 86 02 79, Fax 86 06 37, teuer. Einer der berühmtesten Highland Inns, gediegen schottisch.

Fyne Oyster Bar: Clachan, 12 km nördlich des Ortes am Kopf des Loch Fyne, Tel. 60 02 17-2 64.

Geschäft mit phantastischem Räucherfisch/-muscheln und schlicht-rustikales, nicht billiges Seafood-Bistro – unbedingt vorbestellen!

Inverness

Lage: D 4/5
Vorwahl: 01463
Einwohner: ca. 40 000

Die schön gelegene, blitzblanke ›Kapitale der Highlands‹ mit ihrer guten touristischen Infrastruktur erkundet man am besten auf einem Spaziergang am Ufer des breiten, flachen Ness. Beginnen Sie am südlichen Stadtende an der **Ness Bank** (Ostufer) mit ihren empfehlenswerten Pensionen und machen Sie einen Abstecher zur rötlichen viktorianischen **Burg.** Überqueren Sie den Ness auf der schwingenden viktorianischen Fußgängerhängebrücke **Geird Bridge** am nördlichen Stadtende, dann geht's am Westufer zurück, vorbei an der neogotischen **St. Andrew's Cathedral** und über eine zweite Hängebrücke.

Museum: Castle Wynd, an der Burg, Mo–Sa 9–17 Uhr, Juli/Aug. auch So 14–17 Uhr. Archäologie, Geschichte und Kultur der Highlands.

Culloden Battlefield (D 5): 7 km östlich der Stadt an der B 9006, April-Okt. 9–18, Feb./März, Nov./Dez. 10–16 Uhr. Das Schlachtfeld der Niederlage (s. S. 11) ist ein trister Ort: Massengräber der Clans, Gedenksteine. Gutes Selbstbedienungsrestaurant. **Clava Cairns** (D 5): nahe der B 851, 8 km östlich von Inverness. Finstere steinzeitliche Grabhügel mit bronzezeitlichen Steinkreisen. Ausflug in die Küstenebene im Nordosten: Zum Macbeth-Schloß **Cawdor Castle** (D 4, Mai–1. So im Okt. 10–17.30 Uhr) und zum nicht so bekannten **Brodie Castle** (E 4, April–Sept. Mo–Sa 11–17.30, So 13.30–17.30 Uhr, Okt. nur Sa und So), das mit wohnlicher Atmosphäre, kostbaren Gemälden und einem weiten Park fasziniert. Unbedingt besuchen muß man das georgianische **Fort George** (D 4) am Moray Firth, das Besuchern einen guten Einblick in das harte Soldatenleben im 18. Jh. vermittelt.

Tourist Office: Castle Wynd, Tel. 23 43 53.

Inverness Student Hostel: 8 Culduthel Rd., am Ostufer, Tel. 23 65 56, günstig. Luxuriöses Independent Hostel mit viel Atmosphäre, Zimmer teils mit Blick auf den Ness.

Cawdor Castle

Mrs. L. Fraser: 26 Ness Bank, Tel. 23 43 97, günstig.
Empfehlenswertes B & B am Ostufer in viktorianischer Villa; freundlicher Empfang, jetzt alle Zimmer ensuite.
The Old Rectory Guest House: 9 Southside Rd., Tel. 22 09 69, günstig.
Alle Zimmer ensuite in viktorianischem Granithäuschen.
Ardmuir House Hotel: 16 Ness Bank, Tel./Fax 23 11 51, moderat.
Am östlichen Ness-Ufer; Familienhotel, alle Zimmer ensuite.
Moyness House: 6 Bruce Gardens (im Stadtzentrum), Tel./Fax 23 38 36, moderat.
Der schottische Schriftsteller Neil Gunn (1891–1973) wohnte einst in dieser geschmackvoll renovierten viktorianischen Villa im Zuckerbäckerstil mit Garten und großen Räumen; Abendessen nur für *residents* preis- und empfehlenswert.
Bunchrew House Hotel: Bunchrew (5 km westlich von Inverness), Tel. 23 49 17, Fax 71 06 20, teuer.
Liebevoll renoviertes Country-House-Hotel in einem neobaronialen Herrenhaus des 17. Jh. mit Blick auf den Beauly Firth; Restaurant: (teure) schottische Küche mit modernem Flair.

Dunain Park Hotel: Dunain Park, 2 km westlich von Inverness an der A 82, Tel. 23 05 12.
Das Restaurant von Inverness in georgianischem Herrenhaus; französisch-schottische *cuisine*.
Glen Mhor Hotel & Restaurant: 9–12 Ness Bank, Tel. 23 43 08, Fax 71 31 70.
Schmackhaft-deftiges im gemütlichen und preiswerten Nico's Bistro.
Café 1: 75 Castle St.,Tel. 22 62 00.
Nicht teuer, moderner Bistro-Stil.
The Riverhouse Restaurant: 1 Greig St., Tel. 22 20 33.
Am Ness-Ufer; Schwerpunkt Fisch, gekocht wird in einsehbarer Küche.

Pubs: Academy: 104/6 Academy St.
The Phoenix: 108/10 Academy St.
Hufeisenbar mit Live-Musik und Old-World-Charme.

Eden Court Theatre: Bishop's Rd., Karten Tel. 23 42 34.
Eine von Schottlands besten ›Provinzbühnen‹; preiswertes Selbstbedienungsrestaurant, Salate, Pasta.

Flughafen: Regionalflughafen Dalcross, 13 km nordöstlich der Stadt, Tel. 23 24 71.
Innerschottische Flüge auf alle Inseln; es verkehrt ein Pendelbus nach Inverness.
Bahn/Bus: Bahnhof Academy St., Tel. 03 45/48 49 50. Busbahnhof Farraline Park, nahe der Academy St., Tel. 23 33 71.
Inverness ist der Verkehrsknotenpunkt der nördlichen Highlands.
Autovermietung: Budget, Railway Terr., Tel. 71 33 33.
Schiff: ›Jacobite Cruises‹, Tomnahurich Bridge, Glenurquhart Rd., Tel. 23 39 99.
Durch die Schleusen des Caledonian Canal geht es zur Monsterjagd auf dem Loch Ness.

Jedburgh

Lage: F/G 10
Vorwahl: 018 35
Einwohner: ca. 4 000

Die attraktive Stadt kurz hinter der ›Grenze‹ zu England hat ein sehenswertes **Gefängnismuseum** (Mo–Sa 10–16.30, So 13–16 Uhr) und ein Museum zum Gedenken an Maria Stuart (Ostern–Okt. 10–17 Uhr).

Abbey: High St.
Hauptattraktion des Ortes ist die fast intakte romanische Abteikirche mit romantischem Friedhof, 1138 von David I. gegründet; kleines, feines Museum.

Hermitage Castle (F 10): Okt.–März geschl.
Ein gut 30 km weiter Ausflug in den Südwesten zu dem in grandioser Einsamkeit gelegenen massigen *tower house* mit Maria-Stuart-Reminiszenzen.

Tourist Information: Murray's Green, Tel. 86 34 35, 86 36 88.

Willow Court: The Friars, Tel. 86 37 02, Fax 86 46 01, günstig.
Freundliches, modernes Gästehaus im Zentrum; probieren Sie Jane McGoverns Küche!
Glenfriars Hotel:
The Friars, Tel./Fax 86 20 00, moderat.
Manche Zimmer haben *four-poster beds*.

Simply Scottish: High St., Tel. 86 46 96.
Preiswertes, schmackhaftes Essen in modernem Bistro-Café.

Kelso

Lage: G 9
Vorwahl: 015 73
Einwohner: ca. 5 000

Den nettesten Ort Schottlands hat Sir Walter Scott die geschäftige Provinzstadt mit viel georgianischer Bausubstanz genannt. Hauptsehenswürdigkeit ist neben dem Rest der **Abteikirche** das prächtige Floors Castle, das man auf einem Uferspaziergang 2 km den Tweed entlang erreicht.

Floor Castle: Ostern–Okt. 10–16.30 Uhr.

Tourist Information: Town House, The Square, Tel. 22 34 64.

Inglestone Guest House: Abbey Row, Tel. 22 58 00, günstig.
Georgianisches Stadthaus, in dem schon Bonnie Prince Charlie schlief.
The Old Priory & Coach House:
12 Abbey Row, Tel. 22 30 30, Fax 22 82 46, moderat.
Acht Ensuite-Zimmer in alter Priorei.
Ednam House Hotel:
Bridge St., Tel. 22 41 68, Fax 22 63 19, teuer.
In diesem relativ preiswerten, etwas ältlichen georgianischen Herrenhaus am Tweed-Ufer mit teils historischer Inneneinrichtung ißt man auch gut.

Feste: Okt.–Mai: **Kelso Races** (Pferderennen); Mai–Aug.: **Piper-Aufmärsche** vor dem Floors Castle.

Kirkcudbright

Lage: D 12
Vorwahl: 015 57
Einwohner: ca. 2 500

Die ehemalige Künstlerkolonie mit den bunten georgianischen Häu-

Düstere Balladen ranken sich auch um Jedburgh Abbey

serzeilen und dem spätmittelalterlichen **MacLellan Castle** (Okt.–März geschl.) ist der hübscheste Ort an der sanften Solway-Küste – das ideale Quartier für Rad-, Wander- oder Besichtigungsferien in diesem zu Unrecht etwas vernachlässigten Landstrich.

Hornel Art Gallery: High St., Ostern–Okt. tgl. 13–17.30 Uhr.
In dem schönen georgianischen Broughton House mit üppigem Bauerngarten wohnte und malte E. A. Hornel (1864–1933), der zur Künstlergruppe der ›Glasgow Boys‹ gehörte.

Eine Rundtour führt zur elegischen Abteiruine von **Dundrennan** (11 km südöstlich des Ortes, Okt.–März geschl.), zum kuriosen runden *tower house* **Orchardton Tower** (D 11, 10 km südöstlich von Castle Douglas), in die sehenswerten **Threave Gardens** (1 km westlich von Castle Douglas, 9.30 Uhr bis Sonnenuntergang) und 5 km westlich von Castle Douglas zu dem finsteren *tower house* **Threave Castle** (D 11, Okt.–März geschl.).

Tourist Office: Harbour Sq., Tel. 33 04 94.
Dem Ruf als Künstlerkolonie entsprechend werden hier in Ferienzeiten Malkurse angeboten: 49 Millburn St., Kirkcudbright DG6 4BY, Tel. 33 02 74.

Gladstone House: 48 High St., Tel./Fax 33 17 34, moderat.
Geschmackvoll-schlichte Zimmer mit Erkern und Blick, gemütliche schottische Lounge und ›Honesty Bar‹, variantenreiches Frühstück und Sue Westbrooks liebenswerter Stil machen es zu einem von Schottlands besten Guest Houses.
Mrs. C. Pickup: Craigadam, 3 km nördlich von Crocketford an A 712 nördlich von Castle Douglas, Tel./Fax 01556/65 02 33, günstig/moderat.

Kaminfeuer und mit Antiquitäten eingerichtete Ensuite-Zimmer in diesem Country House wiegen die etwas abseitige Lage auf; Celia Pickup kocht ausgezeichnet mit frischen Produkten.

Auld Alliance: 5 Castle St., Tel. 33 05 69.
Beste französisch-schottische Küchenallianz in unprätentiösem Ambiente; köstliches *seafood*.

Old Smugglers Inn: Main St., Auchencairn.
Gemütlicher Gasthof und Pub.

Melrose

Lage: F 9/10
Extra-Tour 2: S. 86f.
Vorwahl: 01896
Einwohner: ca. 2 200

Vielleicht der Ort in den Borders, wo man sich am wohlsten fühlt! Zu Fuß am Tweed entlang oder auf die Eildon Hills.

Tourist Information: Abbey House, Abbey St., Tel. 82 25 55.

Melrose Youth Hostel: Priorwood, Tel. 82 25 21, günstig.
Grade 1; eine der schönsten Jugendherbergen Schottlands mit Blick auf die Abtei; Fahrradverleih!
Mrs. E. M. Cripps: Chiefswood, Chiefswood Rd., Tel. 82 21 72, günstig.
In diesem georgianischen Haus besuchte Sir Walter Scott seine Tochter! Drei Räume, davon einer mit Bad.
Mrs. L. R. Buchanan: Little Fordel, Abbey St., Tel. 82 22 06, moderat.
Nähe Abtei; zwei großzügige, geschmackvoll eingerichtete Ensuite-Räume für 22 £; großartiges Frühstück. Vorbestellen!
Burts Hotel: Market Sq., Tel. 82 22 85, Fax 82 28 70, teuer.
Ein traditioneller, typisch schottischer Gasthof *at its best*. Deftiges Essen in der immer vollen Bar.

Marmion's Brasserie: Buccleuch St., Tel. 82 22 45.
In holzgetäfeltem Ambiente kocht Mr. Robson französisch inspirierte Bistroküche zu reellen Preisen. Man fühlt sich auf Anhieb wohl.
Melrose Station Restaurant: Palma Pl., Tel. 82 25 46.
Leichte, moderne, etwas teurere Bistroküche in einem restaurierten Bahnhof aus dem frühen 19. Jh. *Unique*.
Pyemont & Company: 28 Market Sq.
Alteingesessener Tee-, Kaffee-, Whisky- und Bierladen; angeschlossen ist ein georgianisches Café, und es gibt auch leckere Mittagssnacks.

Bus: ›Lowland Busses‹, Stirling St., Galashiels, Tel. 75 22 37, Fax 75 86 62.

New Abbey

Lage: E 11
Vorwahl:
Einwohner: ca. 400

Ein reizendes, südenglisch anmutendes Örtchen mit der Ruine der **Sweetheart Abbey,** eine der schönsten des Landes (Okt.–März Do nachmittag/Fr geschl.) und dem **Shambellie House Museum,** einem sehenswerten Kostümmuseum (Ostern–Okt. tgl. 11–17 Uhr).

Oban

Lage: B 7
Vorwahl: 016 31
Einwohner: ca. 7 000

Das Schönste am wenig feinen Touristenzentrum Oban ist der

Papageitaucher

Blick vom MacCaigs Tower hoch oben über dem Hafen hinüber zu der labyrinthischen Insel- und Schärenwelt von Mull.

Dunollie Castle: am nördlichen Ortsrand, immer zugänglich.
Von der Burgruine hat man einen herrlichen Blick übers Meer.

Ben-Cruachan-Kraftwerk (C 7): 20 km östlich von Oban, Ostern–Nov. 9–17 Uhr.
Das Speicherwasserkraftwerk ist ein Wunder der Technik, tief innen im ›hohlen Berg‹ – ein Erlebnis, aber nichts für Klaustrophobiker.
Bridge over the Atlantic (B 8): Alte, blümchenbewachsene Steinbrücke auf das Inselchen Seil.
Dunstaffnage Castle: 7 km nördlich am idyllischen, langen Loch Etive, Okt.– März geschl. Bullige Burg des 13. Jh.
Scottish Salmon Centre: Kilninver, ca. 15 km südl. am Loch Feochan, Ostern–Okt. tgl. 10–17.30. Besucherzentrum einer Fischzuchtfarm, auch nett für Kinder; Café.
Sea Life Centre: 15 km nördlich des Ortes, tgl. 10–18 Uhr. Sehenswerte Aquarien mit Schottlands Meeresflora und -fauna.

Tourist Information: Boswell House, Argyll Sq., Tel. 56 31 22.
Buchungen für organisierte Fähr-/ Bus-/Bötchentour nach Mull und zur alten, bedeutenden Königsabtei auf Iona.

Meiden Sie die zahllosen Hotels/Guest Houses direkt am Hafen und an Esplanade Richtung Dunollie Castle.
Oban Youth Hostel: Esplanade, Tel. 56 20 25, günstig. Grade 1 Superior.
Beechgrove: Croft Rd., Tel. 56 61 11. **Dungrianach:** Pulpit Hill, Tel. 56 28 40, beide günstig. Zwei komfortable B & B in Obans schönerem Teil mit freundlicher, familiärer Atmosphäre.
Hawthornbank Guest House: Dalriach Rd., Tel. 56 20 41, moderat.
Viktorianische Villa, professionell geführt, Nichtraucher.
Ards House: Connel, 6 km nördlich des Ortes, Tel. 71 02 55, moderat.
Luxuriöses viktorianisches Guest House mit Restaurant.

Dungallan House Hotel: Gallanach Rd., Tel. 56 37 99, Fax 56 67 11, teuer.
Viktorianisches Herrenhaus in eigenem Park mit Meerblick; die Gastgeberin kocht selbst, das gute *seafood* im Restaurant können auch Auswärtige genießen.

The Gathering: Breadalbane St., Tel. 56 54 21. Touristisch, im Sommer mit Livemusik.

Tigh-an-Truish Inn: Seil, Bridge over the Atlantic. Uralter, authentischer Pub, in dem man auch essen kann – ein Erlebnis.

Bahn: Endbahnhof der ›West Highland Line‹, Züge nach Glasgow, Infos Tel. 03 45/48 49 50.
Schiff: Calmac-Büro, Tel. 56 66 88, Fax 56 65 88.
Autofähren nach Barra, South Uist, Colonsay, Coll, Tiree, Lismore, Mull. Von Taynuilt Bootstouren auf dem Loch Etive, Ostern–Mitte Okt., Tel. 01 86 6/ 82 24 30.

Perth

Lage: E 7
Vorwahl: 017 38
Einwohner: ca. 45 000

Obwohl der Blick von der Perth Bridge auf den North Inch Park, die georgianischen Straßenzüge Atholl Crescent, Rose Terrace und Barossa Place sowie die Haupteinkaufsstraße Mill Street recht hübsch ist, *muß* man Perth nicht gesehen haben. Für Übernachtung und preiswertes, gutes Essen aber ist Perth ein Tip!

Fair Maid's House: Charlotte Pl.
Das fotogene älteste Haus von Perth, bekannt durch Sir Walter Scotts Roman ›The Fair Maid of Perth‹. In dem charmanten Laden wird geschmackvolles Kunsthandwerk aus ganz Schottland verkauft.

Dunkeld: 25 km weiter nördlich an der A 9, der ›Autobahn in die Highlands‹.
Das pittoreske, größtenteils aus dem 17. Jh. stammende Örtchen Dunkeld hat eine elegische gotische Kathedralruine am grünen Ufer des sanft dahinströmenden River Tay.
Scone Palace: 3 km nordöstlich der Stadt, von Ostern–Mitte Okt. tgl. 9.30–16.45 Uhr.
Der Moot Hill vor dem stattlichen neogotischen Palast war einst Inthronisations-Ort der schottischen Könige; prunkvoll-kitschige Kunstsammlung und weite Grounds.

Tourist Information: 45 High St., Tel. 63 83 53.

Perth Youth Hostel: Glasgow Rd., Tel. 62 36 58, günstig.
Grade 1; viktorianisches Haus in eigenem Park.
Mr. & Mrs. Gillespie: Marshall House, 6 Marshall Pl., Tel. 44 28 86, günstig.
Haus in zentraler Lage direkt am South Inch Park; drei Zimmer en-suite.
Park Lane Guest House: 17 Marshall Pl., Tel. 63 72 18, Fax 64 35 19, günstig/moderat.
An attraktiver georgianischer Wohnstraße. Das Guest House hat sechs Zimmer und eine wunderschöne Lounge.

Sunbank House Hotel: 50 Dundee Rd., Tel. 62 48 82, Fax 44 25 15, moderat. Freundliches viktorianisches Haus in eigenem Park am Stadtrand; schöne Blicke auf den River Tay und die Stadt, gutes Preis–Leistungs–Verhältnis, auch im Restaurant.

Almondbank Olde Worlde Inn: Main St., Almondbank, 4 km nordwestlich der Stadt, Tel. 58 32 42. Alter, typischer Pub mit ehrlichem *bar food* und echtem Old-World-Flair.
Betty's: 67 George St. Gemütlicher und altmodischer *tea room*.
Let´s Eat: 77 Kinnoull St., Tel. 64 33 77, und 33 George St., Tel. 63 37 71. Erfolgreiches Bistro mit moderner, preiswerter und innovativer schottischer Küche, das immer wieder Preise einheimst.
The Lang Bar & Restaurant: im Perth Theatre, 185 High St., Tel. 47 27 09. Ein Erlebnis! Preiswertes Restaurant und Bar/Bistro im schönen, renovierten viktorianischen Theater (Karten Tel. s. u.). Im Sommer mit Live-Musik; kreative Küche, Fleisch mit Früchten und süßen Komponenten; unbedingt reservieren!
Exceed: 65 South Methven St., Tel. 62 11 89. Etwas feinere modern-schottische Küche in einem geschmackvoll umgebauten alten Saatgutlager.

Greyfriar's: 15 South St. Gute *real ales*.

Fest: Mai: **Festival of the Arts** im Theater, 185 High St., Tel. 62 10 31.

Pitlochry

Lage: E 7
Vorwahl: 017 96
Einwohner: ca. 2 700

Eine Tourifalle mit Tradition und guter Infrastruktur. Berühmt ist die wenig romantische Lachsleiter am Stausee.

Blair Castle (E 6): April-Okt. 10–18 Uhr. Schloß im Baronialstil mit Waffen und historischen Reliquien. Der jüngst verstorbene Herzog von Atholl durfte als einziger Privatmann in Großbritannien eine Armee unterhalten; Parade am letzten Sonntag im Mai.
Queen's View (D/E 6/7): An diesem vielbesuchten Ausblick über dem Loch Tummel seufzten schon Victoria und ihr Sachse Albert.

Tourist Information: 22 Atholl Rd., Tel. 47 22 15 und 47 27 51.

Pitlochry Youth Hostel: Knockard Rd., Tel. 47 23 08, günstig. Grade 1.
Woodlands: St. Andrew's Cr., Blair Atholl, Tel. 48 14 03, günstig. Sehr persönliches B & B mit Hausmannskost im besten Sinn, auch für *non residents* – der Fasan ist einfach köstlich.
Mr. & Mrs. Read: Seebpore House, Knockard Rd., Tel./Fax 47 37 52, günstig. B & B in viktorianischer Villa, teils ensuite.
Dunfallandy House: Logierait Rd., Tel. 47 26 48, Fax 47 20 17, moderat. Für die georgianische Eleganz von Herrenhaus und Zimmern erstaunlich preiswert. Auf dem ehemali-

gen Sitz des Clanhaupts der McFergus von Atholl steht ein Piktenstein; gutes, superb eingerichtetes Restaurant.

Pitlochry Festival Theatre Restaurant: Port-na-Craig, 1 km westlich des Ortes am Südufer des Loch Tummel, Tel. 47 30 54, Vorführungen und Restaurant nur Mai–Okt.
Mittags Buffet, abends immer voll, besonders vor den Vorstellungen (Karten Tel. 47 26 80).
The Loft: Golf Course Rd., Blair Atholl, Tel. 48 13 77.
Informell-rustikales, bekanntes und preiswertes ›Heuboden‹-Restaurant auf einem Campingplatz.

Plockton

Lage: B 5
Vorwahl: 015 99
Einwohner: ca. 500

Wegen der vielen englischen Zugezogenen erhielt der wunderhübsche Ferienort am lieblichen Loch Carron den Spitznamen ›New Sussex‹. Das Wandererparadies um die **Five Sisters of Kintail** und die wilde Applecross-Halbinsel geben dazu den herben Kontrast. Und über die Steinbrücke des bekannten **Eilean Donan Castle** ritt schon der ›Highlander‹.

Mr. & Mrs. Bruce: 6 Bank St., Tel. 54 42 21, günstig.
In einem Cottage am Meer.
Mrs. J. Jones: 4 Frithard Rd., Tel. 54 43 21, günstig.
Eine freundliche Familie führt dieses B & B in modernem Haus.
Mrs. MacAulay Rowe: An Caladh, 25 Harbour St., Tel. 54 43 56, günstig.
B & B in einem ortstypischen Fischer-Cottage am Meer; Angebot von geführten Wanderungen.
Plockton Inn: Innes St., Tel. 54 42 22, Fax 54 44 87.
The Haven Hotel: Innes St., Tel. 54 42 23, Fax 54 44 67, beide moderat.
Zwei gemütliche kleine Landhotels, letzteres etwas teurer; *bar food* und Restaurants.

Off The Rails: The Station, Tel. 54 44 23.
Ein winziges, holzgetäfeltes Restaurant im liebevoll renovierten viktorianischen Bahnhof. Man braucht Zeit. Jakobsmuscheln in Ingwer und Kokosnuß bei Kerzenschein. Magisch.

Vielbeseufzter beauty spot: Queen's View über dem Loch Tummel

Plockton Hotel: Harbour St. Rustikaler Pub, immer voll.

Schiff: ›Leisure Marine‹, 32 Harbour St., Tel. 54 43 06. ›Seal Trips‹ zu den nahen Seehunden, Bootsverleih.

Port Appin

Lage: B 7
Vorwahl: 016 31

Ein paar Häuser an einem Pier, von dem die Fähre zur Insel Lismore tuckert. Etwas weiter nördlich thront **Castle Stalker** unzugänglich und herb-schön auf einem Inselchen im Loch Linnhe.

Fasgadh Guest House: Tel. 73 03 74, moderat. Modernes Guest House mit komfortablen Zimmern.

Pierhouse Hotel: Tel. 73 03 02, Fax 73 04 00. Zu Jazzklängen im Restaurant oder im lebhaften Pub mit Blick auf den Pier und Lismore gibt's heiße Austern mit Mornay-Sauce und ein göttliches Nachtisch-Buffet. Für mich der beste Fisch im Land. Zimmer im Familienhotel ab 35 £.

St. Andrews

Lage: F 8
Vorwahl: 013 34
Einwohner: ca. 12 000

Die geruhsame, attraktive Kleinstadt mit vielen historischen Sehenswürdigkeiten rühmt sich der ältesten, 1410 gegründeten Universität Schottlands und war im Mittelalter Sitz des Primas und das geistliche Zentrum des Landes, von dem 1528 das Fanal zur Reformation ausging. Heimat des Golfs: Die weltberühmte 18-Loch-Anlage des ›Old Course‹ und der **Royal and Ancient Golf Club** sind der Traum eines jeden Golfers.

Castle: North Castle St. Ruine aus dem 16. Jh. mit

hochmodernem Besucherzentrum zur blutigen Stadtgeschichte.
Sea Life Centre:
The Scores, neben dem British Golf Museum, tgl. 10–18 Uhr, Juli/Aug. bis 19 Uhr.
Was vor Schottlands Küsten kreucht und schwimmt.
Kathedrale: North St. Ruine im normannisch-gotischen Übergangsstil, Museum; vom Turm der archaischen St. Rule-Kirche daneben hat man einen weiten Ausblick.
Universität: Während des Studienbetriebs kann man die spätgotischen Colleges St. Salvator's mit Kirche, North St. und St.

Herb-schön auf einem Inselchen im Loch Linnhe: Castle Stalker

St. Andrews` ›heiliges Grün‹

Mary's, South St. sowie das neogotische Madras College, South St., besichtigen.

British Golf Museum: Bruce Embankment, gegenüber dem RAC, April–Okt. 9.30–17.30, Nov.–März Do–Mo 11–15 Uhr.
Ein sehenswertes neues, interaktives Museum über die manchmal seltsam anmutende Welt des Golfs.

Tourist Information: 70 Market St., Tel. 47 20 21.
Die gutbetuchten Golfer sorgen dafür, daß St. Andrews ein recht teures Pflaster ist.

University of St. Andrews: 79 North St., Tel. 46 20 00, Fax 46 25 00, günstig bis moderat, Juni–Sept.
Günstig teils mit Gemeinschaftsduschen in David Russell und Hamilton Hall; moderat in 72 ensuite-Zimmern der hotelartigen, modernen New Hall.
Mrs. M. Coull: Abbey Cottage, Abbey Walk, Tel. 47 37 27, günstig.
Freundliches, familiäres B & B.
Ashleigh House Hotel: 37 St. Mary's St., etwas außerhalb, Tel. 47 54 29, Fax 47 43 83, moderat.
Frisch renoviert, Sauna.
Ein Guest House/Hotel neben dem anderen an Murray Park und Murray Place, North Street und Seafront.
The Grange Inn: Grange Rd., 1 km außerhalb des Ortes, Tel. 47 26 70, Fax 47 26 04, moderat.
Golferisch, wie alles in St. Andrews. Zwei Zimmer in schönem altem Gasthaus, Essen mittelmäßig.
Old Course Hotel: direkt am begehrten Old-Course-Golfplatz, Tel. 47 43 71, Fax 47 76 68, Luxus.
Das Hotel von St. Andrews, ein Riesenklotz; alles vom Feinsten.

Brambles: 5 College St.
Altmodisches Café mit gutem *home baking* und Snacks.
Merchants House: 49 South St.
Dito. Unter bemalten Decken aus dem 16. Jh. – *great!*

Bus: ›Fife Scottish Omnibusses‹, Busbahnhof City Rd., Tel. 47 42 38.
Busverbindungen in Fife, nach Edinburgh und Glasgow, im Sommer Stadtrundfahrten.

Skye

Lage: A/B 4/5
Extra-Tour 3: S. 88f.
Einwohner: ca. 7 500

Skye, die ›nebelige Schöne‹, ist die größte, am leichtesten erreichbare und wohl schönste Hebrideninsel. Das Massiv des Quiraing und der Cuillins, die Klippen der Durinish-Halbinsel und der sanfte Süden begründen ihren landschaftlichen Reiz. Hier kann man gut Vögel beobachten, vor allem in den Cuillins. Fernglas mitnehmen!

Tourist Information: Bayfield House, Bayfield Rd., Portree, Tel. 014 78/ 61 21 37.

Dun Flodigarry Hostel: Tel./Fax 014 70/55 22 12, günstig.
Neben dem Flodigarry Country House Hotel (s. u.), nette Einrichtung, familiäre Atmosphäre.
Sabhal Mor Ostaig: Teangue, Ostaig, Süd-Skye, Tel. 0 14 71/ 84 43 73, günstig.
An der **gälischen Universität** wird gälische Sprache, Musik, Archäologie u. v. m. auch in Wochenkursen gelehrt; auf ihrem brandneuen Campus und im ursprünglichen umgebauten Farmhaus bekommt man auch preiswert B & B.
Mrs. McPhie: Balloch, Tel. 014 78/ 61 20 93; **Mrs. E. Nicolson:** Almondbank, Tel. 014 78/61 26 96, Fax 61 31 14, beide günstig.
Zwei luxuriöse B & B in modernen Bungalows in der Viewfield Road, in Gehentfernung zum Zentrum.
Coolin View Guest House: Tel. 014 78/61 23 00, moderat;
The King's Haven: Tel. 014 78/ 61 22 90, moderat.
Zwei komfortable Guest Houses in inseltypischen Häuschen, Bosville Terrace im Zentrum von Portree.
Flodigarry Country House Hotel: Staffin, Tel. 014 70/ 55 22 03, Fax 014 70/55 23 01, teuer.
Das beste der Insel, preisgekrönt. Viktorianisches Haupthaus oder Flora MacDonald Cottages; in phantastischer Lage im Quiraing und am Meer, im ›Vorgarten‹ ein eisenzeitlicher Broch. Empfehlenswertes teures Restaurant, preiswerter im schönen, lichten Wintergarten; lebhafte Bar.

Gassi gehen – Dunvegan Show auf Skye

An Tuirean Arts Centre and Café Innean: Struan Rd., Portree.
Tea Room: Alternativ, vegetarisch, guter Lunch.
Lochbay Seafood Restaurant: 1/2 MacLeod's Terr., Stein, Tel. 014 70/59 22 35.
Verleben Sie einen magischen Abend am Pier von Stein mit köstlichem *seafood,* schlicht, gemütlich; auch einfache Zimmer.
The Chandlery: 9 Bosville Ter., Portree, Tel. 014 78/61 28 46.
seafood über Hafen von Portree.
Three Chimneys: neben dem sehenswerten Folk-Museum in Colbost , Tel. 014 70/51 12 58.
Lunch, Tea, Dinner, alles sehr teuer. Trotz aller stilvollen Rustikalität *snobby*, aber gutes *seafood.*

Over the Rainbow: Quay Brae, Portree.
Ausgefallen, nicht billig, Kunsthandwerk, Strickwaren.
Ragamuffin: Armadale Pier, Armadale, Strickwaren (s. S. 89).
Skye Silver: The Old School, Colbost. Keltisch inspirierter Silberschmuck und schönes, schlichtes Kunsthandwerk.

Pier Hotel: Bar am Hafen von Portree, authentisch.
Stein Inn: Stein. Der älteste Pub der Insel, direkt am Meer.
Tongadale Hotel: Wentworth St., Portree. Gemütlich, etwas ziviler als Pier Hotel.

Feste: Juni: **Dudelsackwettbewerb** um den Donald MacDonald Quaich, Clan Donald Centre; Juli: **Dunvegan Castle Music Festival;** August: **Portree Highland Games; Dudelsackwettbewerb** um den Silver Chanter, Dunvegan Castle; den ganzen Sommer über Musikwettbewerbe und -abende, Ceilidhs mit traditioneller Musik.

Schiff/Autofähren: Calmac-Büros: Armadale, Tel. 014 71/84 42 48, Fax 014 71/ 84 42 12, **nach Mallaig** auf dem Festland (30 Min.); Uig, Tel. 014 70/54 22 19, Fax 014 70/ 54 23 87, **nach Tarbert** (Harris, 1 3/4 Std.); Tagesausflüge nach **Lewis/ Harris** mit kombinierter Bustour im Sommer.
Autovermietung: Ewen MacRae, West End Garage, Dunvegan Rd., Portree, Tel. 01478/61 25 54.
Fahrradvermietung: ›Island Cycles‹, The Green, Portree, Tel. 014 78/61 31 21.

Kein Geheimtip: Wanderparadies Quiraing auf Skye

Stirling

Lage: D 8
Vorwahl: 017 86
Einwohner: ca. 29 000

Der alte Teil der strategisch bedeutenden Königsstadt liegt auf einem Hügel im Herzen Schottlands, an der Nahtstelle von Lowlands und Highlands. Alle Sehenswürdigkeiten, vornehmlich aus der Renaissance, erwandert man sich auf der St. John Street, die ganz nach oben zur Burg führt.

Broad Street: zweigt gegenüber Mars Wark ab. Der von alten Häusern umstandene Hauptplatz mit *tolbooth* und *mercat cross*.

Castle: April–Sept. 9.30–17.15 Uhr, Okt.–März bis 16.15 Uhr.
Königspalast, vornehmlich von James IV. und V. im 16. Jh. erbaut, umgeben von etwas älteren Befestigungsmauern; berühmt die geschnitzten Stirling-Medaillons und der 1996 zurückgegebene Stone of Scone; Regimentsmuseum.

Church of the Holy Rude: auf der St. John St.
In der spätgotischen Kirche wurde James VI., der einjährige Sohn Maria Stuarts, zum König von Schottland gekrönt.

Mars Wark/Argyll's Lodging: etwas weiter oberhalb der Church of the Holy Rude. Zwei Renaissance-Adelspaläste.

Old Town Jail: St. John St., April–Sept. 9.30–18, Okt.–März 9.30–16 Uhr. Neu eröffnetes Museum in einem Reformgefängnis des 19. Jh. – alles sehr lebendig.

Bannockburn: Heritage Centre, April–Okt. 10–17.30, März, Nov.–23. Dez. 11–15 Uhr. Der Ort des Sieges (s. auch S. 11), Schlachtfeld; großdimensioniert, 3 km südlich von Stirling. Ein Halbtagesausflug mit Wanderung führt in das hübsche **Dollar** (E 8) am Fuß der Ochil Hills. Am Flüßchen Dollar wandert man auf Holzstegen durch eine dramatische Wildnis zum *tower house* **Castle Campbell** (E 8) (Okt.–März Do nachmittags/Fr geschl.).

Tourist Information: 41 Dumbarton Rd., Tel. 47 50 19; Castle Esplanade, Tel. 47 99 01. **›Ghost Walks‹:** Juni– Sept. durch die Stadt, Start Portcullis Hotel, Castle Wynd, im Winter durch die Burg; Di–Sa 19.30 und 21.30 Uhr, Tel. 45 09 45. Grusel garantiert!

Stirling Youth Hostel: St. John St., Tel. 47 34 42, günstig. Grade 1 Superior. Nagelneu, fast ein Hotel, unterhalb der Burg hinter der Fassade der alten Kirche Erskine Marykirk.
Mr. & Mrs. Dunbar: Ravenscroft, 21 Clarendon Pl., Tel. 47 38 15, günstig. Reizendes viktorianisches Haus.
Forth Guest House: 23 Forth Pl., Riverside, Tel. 47 10 20, Fax 44 72 20, günstig. Freundliches Guest House, en-suite.
Stirling Management Centre: University of Stirling, 5 km nordöstlich der Stadt, Tel. 45 16 66, Fax 45 04 72, moderat. Ein modernes, luxuriöses Hotel auf dem Unicampus mit exzellenten Sportmöglichkeiten; Nähe Wallace Monument.
Terraces Hotel: 4 Melville Terr., Tel. 47 22 68, Fax 45 03 14, moderat. Freundliches georgianisches Familienhotel in Zentrumnähe; *good value for your money* auch im Restaurant.

Harvieston Inn: Mains Farm, Tillicoultry, ca. 15 km nordöstlich der Stadt, Tel. 012 59/ 75 25 22, Fax 75 25 23. Historisches Farmgebäude um einen Innenhof; unten preiswerte Bar/Brasserie, oben teures Restaurant; moderate Zimmer.
The East India Company: 7 Viewfield Pl., Tel. 47 13 30. Gutes, renommiertes indisches Essen.

Settle Inn: St. Mary's Wynd. Ein atmosphärereicher Pub aus dem 18. Jh. im Zentrum off Broad St.

Feste: Im Sommer spielen die ›Royal Stirling Players‹ in historischen Kostümen Ereignisse der Stadtgeschichte nach, *pipe bands* blasen auf der Burg-Esplanade – jede Menge los.

Verbindungen zu allen größeren Städten.
Bahn: Bahnhof Burghmuir Rd., Tel. 03 45/ 48 49 50.
Bus: Busse der ›Midland Bluebird‹, Tel. 013 24/61 37 77; Busbahnhof

Goosecroft Rd., Tel. 44 64 74. ›Trossachs Trundler‹: Ausflug zu den Trossachs (s. S. 34f.).
Autovermietung: Arnold Clark, Kerse Rd., Tel. 47 86 86.

Tarbert

Lage: B 9
Vorwahl: 01880
Einwohner: ca. 1 400

Der ungeleckte, aktive Fischerort bewacht die 2 km schmale Landenge, die verhinderte, daß **Kintyre** eine Insel wurde. Von hier fährt man in einem Tag um die niedrige, unspektakuläre Halbinsel mit kilometerlangen, einsamen Sand- und Dünenstränden, alten Burgen und Abteien. Das spektakuläre Klippenkap wurde durch Paul McCartneys Lied ›Mull of Kintyre‹ berühmt.

Tourist Information: Harbour St., Tel. 82 04 29.

Southcliffe: Lady Ileene Rd., Tel. 82 06 04, günstig. Ruhiges, einfaches Guest House.
The Columba Hotel: East Pier Rd., Tel./Fax 82 08 08, moderat. Ein viktorianisches Hotel an der Hafeneinfahrt, in Familienregie; gemütliche Bar mit Holzfeuerkamin und großer Malt-Auswahl; und, selten im Land, eine Sauna.

The Anchorage: am Hafen, Tel. 82 08 81.
Frischester Fisch.

Schiff: Vom Kennacraig Pier fahren die Autofähren auf die herbe, für ihren Whisky berühmte Hebrideninsel **Islay** (Calmac-Büro Tel. 018 80/73 02 53, Fax 018 80/73 02 02), von Claonaig auf die Ferieninsel **Arran**

Menschenleer: Sandstrand in Carradale auf der Kintyre-Halbinsel

(keine Reservierung, die Fähren legen fast stündlich ab).

Thurso

Lage: E 2
Vorwahl: 018 47
Einwohner: ca. 9 000

Die unprätentiöse, schon ganz nordisch anmutende Kleinstadt mit ihrem netten Fährhafen Scrabster bietet sich als Basislager für Touren durch das karge, wildromantische Caithness an oder entlang der selbst für schottische Verhältnisse einsamen Nordküste bis zum windumtosten **Cape Wrath** (C 1).

Dunnet Head (E 1): Wundervolle einsame Halbinsel mit Moorseen, Heide und weiten Stränden; der wahrhaft nördlichste Punkt des Festlandes mit einem hübschen weißen Leuchtturm.

Grey Cairns of Camster (F 2): Inmitten einer typischen, öden Moorfläche stehen zwei gewaltige steinzeitliche Grabhügel.

Hill o'Many Stones (F 2): War der Hügel mit den 22 fächerartigen, niedrigen Steinreihen ein steinzeitliches Astrolabium?

John o'Groats (F 1): Der recht touristische Fährhafen zu den Orkneys ist Land's End: das letzte Haus, das Letzte-Haus-Museum etc. Zu Fuß geht's ca. 2 km südlich zu den zuckerhutähnlichen **Stacks of Duncansby,** Felszacken im Meer – toll!

Tourist Information: Riverside, hinter Thurso Bridge, Tel. 89 23 71.

Hostel: Canisbay, 2 km südlich von John o'Groats, Tel. 019 55/61 14 24, günstig. Grade 2; in typischem Haus.

Inchgarvie House: 30 Olrig St., Tel. 89 38 37, günstig. Freundliches, familiäres B & B in

Typisch: Regen am Loch Assynt

viktorianischem Reihenhaus, vier Zimmer ensuite; das Erkerzimmer nach vorne raus ist gigantisch!
Ormlie House Hotel: Ormlie Rd., Tel./Fax 89 27 33, günstig. Empfehlenswertes Familienhotel in viktorianischem Haus, mit En-suite-Zimmern und Restaurant.

The Upper Deck: Scrabster, am Hafen, Tel. 89 28 14.
In einem schlichten, auf Orkneys und Shetland einstimmenden Ambiente ißt man gutes *seafood*.

Schiff: Von John o'Groats aus starten die Personenfähren zu den **Orkneys.** Kombinierte Tagesbustour zu den einzigartigen megalithischen Denkmälern dort (Mai–Okt.); Mitte Juni–Aug. Bötchen zu den **Stacks of Duncansby, Stroma** und **Pentland Skerries** (Ferry Office Tel. 019 55/61 13 53). Von Scrabster aus fahren die P & O-Autofähren nach Stromness, Orkney.

Ullapool

Lage: C 3
Vorwahl: 01 854
Einwohner: ca. 900

Ein hübscher kleiner Ort mit einer Hafenfront von weißgetünchten Cottages und einem romantischen Friedhof mit Blick über den Loch Broom, einen der schönsten Hochlandseen. Hier legen die Autofähren zu den Äußeren Hebriden ab.

Falls of Measach (C 4): ca. 15 km südlich des Ortes. Die Wasserfälle stürzen in die 45 m hohe, senkrechte Corrieshalloch-Schlucht.
Loch Assynt: ca. 30 km nördlich von Ullapool.
An einem der wildesten Hochland-Lochs liegen der Fischerweiler Lochinver und die Ruine des **Ardvreck Castle** in atemberaubender Landschaft.

Tourist Information: Argyle St., Tel. 61 21 35.

Ullapool Youth Hostel: Shore St., Tel. 61 22 54, günstig.
Grade 1; direkt am Hafen, kürzlich neu eingerichtet.
Brae Guest House: Shore St., Tel. 61 24 21, günstig.
Eng-anheimelnd, elf Zimmer meist mit Privatbad; Meerblick neben dem schönen Friedhof. Ideal, wenn man früh mit der Fähre los muß.
Tigh na Mara Guest House: The Shore, Ardindreen, am Südufer des Loch Broom, Tel. 65 52 82, Fax 65 52 92, moderat.
Abseits und idyllisch gelegenes altes Crofthaus; Halbpension 35–40 £, vegetarische Küche. Seehunde und Delphine schwimmen am Haus vorbei – etwas für Freunde von Einsamkeit und Natur.
The Ceilidh Place: West Argyle St., Tel. 61 21 03, Fax 61 28 86, moderat/teuer.
Berühmtes, familiäres Hotel und Restaurant; hier ist immer etwas los, z. B. Folk-Musikabende.

Mariners' Restaurant: im Morefield Motel, North Rd., 2 km nördlich des Ortes an der A 835, Tel. 61 21 61, Fax 61 21 71. Bester, renommierter *seafood* ohne Schnickschnack in altmodischem Ambiente; schlichte Motelzimmer (moderat).

Ferry Boat Inn: Shore St.
In dem gemütlichen Pub ist abends der Bär los – in der Mittsommerdämmerung kann man draußen sein Bierchen auf der Hafenmauer trinken!

Schiff: Calmac-Büro Tel. 6123 58, Fax 61 24 33.
Autofähren nach Stornoway auf Lewis, 3 1/2 Std – sonntags nie. Im Sommer Tagesausflüge nach Lewis mit kombinierter Bustour – weite, einsame Moore, prähistorische Kunst.

Wanlockhead

Lage: E 10
Vorwahl: 016 59

In dem hübschen Dorf, Schottlands höchstgelegenem, wird seit Jahrhunderten geschürft. Durch

ein schönes, enges Tal mit grünen Hügelkuppen gelangt man zu den verstreut auf verschiedenen Hügelkuppen liegenden Cottagereihen der Bergarbeitersiedlung.

Blei-Bergbaumuseum: Ende März–Okt. 11–16.30 Uhr, sonst Tel. 743 87.
Das Museum bietet sehr persönliche Führungen in die feucht-finsteren Schächte an. Besichtigt werden ein naßkalter, enger Stollen, in dem die Bergleute unter lebensgefährlichen und gesundheitsschädigenden Bedingungen Blei schürften; achtjährige Jungen zogen die Bleikarren durch die Stollen, Arthritis und Rheuma waren an der Tagesordnung.

Und die Kehrseite der prachtvollen Stadthäuser von Edinburgh: zwei rekonstruierte Cottages, in denen die Familien um 1750 und, schon etwas besser nach den Reformen des Mineneigentümers, des Herzogs von Buccleuch, um 1860 lebten. Heute schürfen in ›Gottes Schatzhaus in Schottland‹ nur Touristen zum Spaß: Gold.

Frischfisch im Fischerhafen von Ullapool

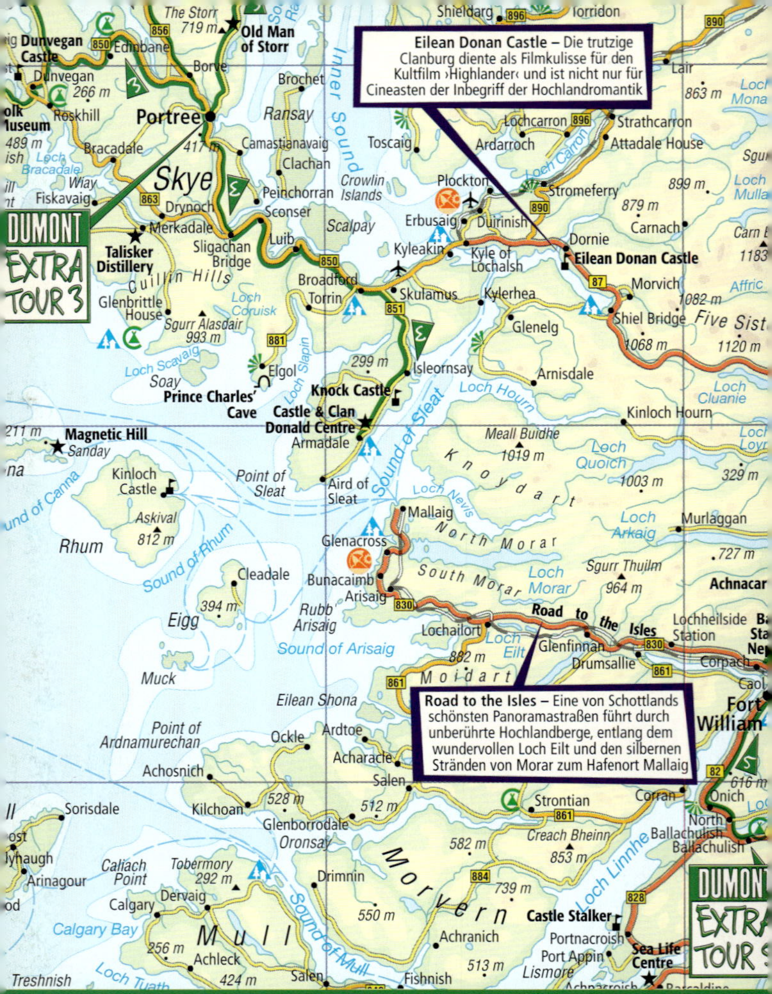

EXTRA-

Fünf Extras im Land der *bens and glens*

1. Whisky Trail – dem Wasser des Lebens auf der Spur. Ein Besuch der großen Destillerien Schottlands
2. On the Borders – Geschichte in Moll im Walter-Scott-Land. Der Schriftsteller und seine Roman-Kulisse

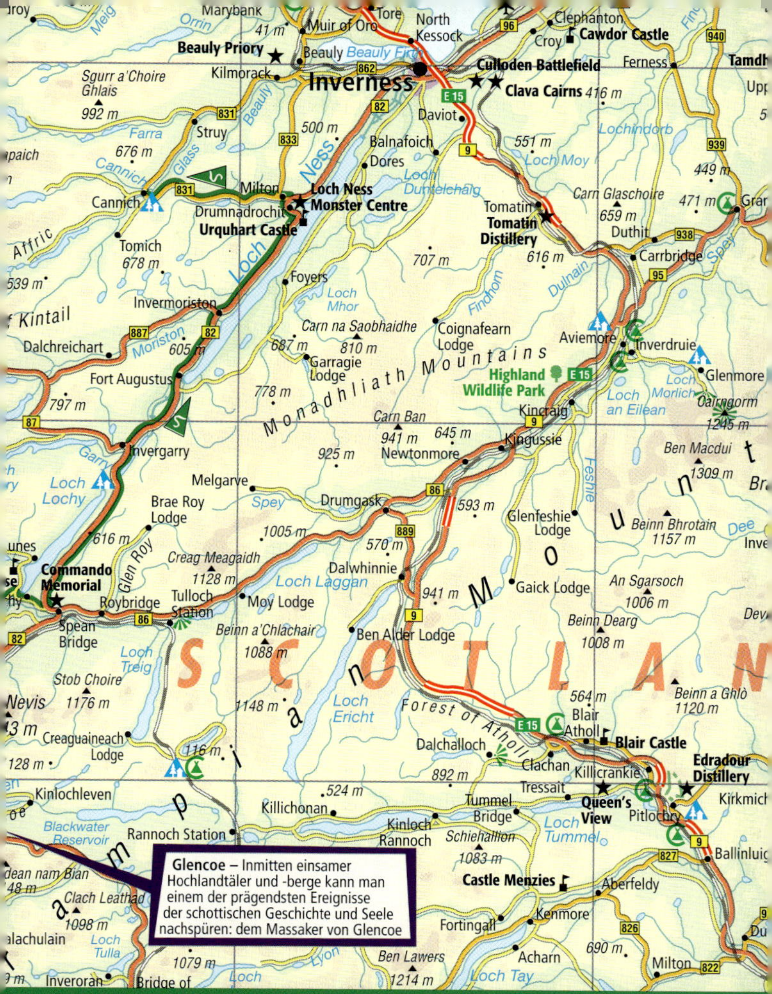

Touren

3. Reif für die Insel – over the Sea to Skye

4. Im Reich der Fische – die East Neuk in Fife. Pittoreske Fischerdörfer und wo ist die Muschel am frischesten

5. Bergeinsamkeit – unterwegs in den schönsten Regionen der Highlands

EXTRA Tour 1

Whisky Trail – dem Wasser des Lebens auf der Spur

Uisce beatha, ›Lebenswasser‹, nannten die irischen Mönche die hochprozentige bräunliche Brühe, mit deren Rezeptur sie das keltische Bruderland Schottland beglückten. Noch heute wird der Single Malt – so darf sich im Gegensatz zum verschnittenen *blended* Whisky nur das Markenerzeugnis einer einzigen Brennerei nennen – im Prinzip wie im Mittelalter aus gemälzter Gerste hergestellt. Die Gerste wird eingeweicht und auf den *floor maltings* zum Keimen gebracht, dann auf Darren *(kilns)* mit Torffeuerrauch unter jenen typischen Pagodendächern getrocknet, die das Signet des Whisky Trails bilden. Dieses Malz mahlt man und weicht es in riesigen *mash tuns* ein, so daß sich die Getreidestärke in Zucker verwandelt. Die süße Würze *(wort)* wird unter Zusetzung von Hefe zum Gären gebracht, und erst diese bierähnliche Flüssigkeit wird dann in den charakteristischen dickbauchigen Kupferbirnen, den *pot stills*, gebrannt, meist zweimal. Anschließend ist eine mindestens dreijährige Lagerung in Eichenfässern Pflicht.

Das ›Goldene Dreieck‹ Schottlands liegt zwischen den Städten Dufftown, Keith und Rothes in den Ausläufern der Grampian Mountains nördlich des Dee. In diesem Destillerie-Knotenpunkt wurde der **Malt Whisky Trail** ins Leben gerufen. Die sieben ausgesuchten Destillerien Cardhu, Dallas Dhu, Glenfarclas, Glenfiddich, Glen Grant, Glenlivet und Strathisla sind mit Informationszentren, Videofilmen in aller Länder Sprachen, Führungen, Probetrunk und Souvenirläden bestens auf den Besucherandrang vorbereitet. Das kleine, 1898 gegründete **Dallas Dhu** produziert als einzige hiervon nicht mehr (April–Sept. Mo–Sa 9.30–18.30, So 14–18.30, Okt.–März Do nachmittags/Fr geschl.). Und in der **›Speyside Cooperage‹** in Craigellachie (E 4) kann man den Böttchern bei der Arbeit zusehen, und man erfährt alles über die für die Produktqualität der edlen Tropfen besonders wichtige Fässerherstellung (Mo–Fr 9.30–16.30, Ostern und Juni–Sept. auch Sa).

Glenfiddich in der trist wirkenden Whisky-Hauptstadt Dufftown (F 5) ist der unangefochtene Markenführer, obwohl Kenner den Geschmack als etwas zu scharf rügen. Über den Häuserreihen liegt wie in allen Orten mit Brennereien ein gräulich-schimmliger Belag, der ›Anteil der Engel‹, der beim Verdunsten während der Faßlagerung entsteht. In der meistbesuchten Destillerie Schottlands wird der Besucher auch am eindringlichsten mit der Firmenideologie geimpft (am nördlichen Stadtrand, an der A 941, in der Nähe die Balvenie Castle-Ruinen; Mo–Sa 9.30–16.30, Ostern–Okt. auch So 12–16.30 Uhr).

Abgeschieden in einem weiten Tal wird ›The‹ **Glenlivet** mit reinem Bergquellwasser aus der unterirdischen Josie's Well produziert (E 5). Im Besucherzentrum wird einem stolz erzählt, daß das einstige Familienunternehmen Smith schon seit 1747 Whisky brennt und Highlandfan King George IV. bei seinem Schottland-Besuch 1822 nur Glenlivet trinken wollte (an der B 9008, Ostern–Okt. Mo–Sa 10–16, So 12.30–16 Uhr, Juli/Aug. bis 18 Uhr). **Strathisla** in Keith (F 4) wird von vielen für die schönste Destillerie gehalten. Nicht ohne Grund, denn das Ensemble aus Zwillingspagodentürmen, Wasserrad und Bruchsteingebäuden hat jede Menge Old-World-Charme. In der Tat ist die 1786 gegründete Brennerei eine der ältesten im Lande (Feb./März Mo–Fr, April–Nov. Mo–Sa 9.30–16, So 12.30–16 Uhr).

Wo testet und kauft man das Lebenswasser in Schottland am besten, wenn man nicht gerade im ›Goldenen Dreieck‹ weilt? Die ›Scotch Malt Whisky Society‹ in Edinburgh wacht über Reinheit und Qualität. In clubähnlichem Ambiente sind auch Gäste zum prüfenden *nosing* willkommen (87 Giles St., Leith). Im **Cadenheads Whisky Shop** auf der Royal Mile in Edinburgh bleibt kein Whiskywunsch unerfüllt (172 Canongate).

Wo schließlich schlägt man für eine Whisky-Tour sein Quartier auf? Vom südlich gelegenen Ballater (F 6, s. S. 33f.) am Dee oder von Elgin (E 4, s. S. 47) im Norden gelangt man bequem hierher. Wer es sich aber für ein oder zwei Tage leisten kann, der sollte sich im **Kildrummy Castle Hotel** (F 5, s. S. 34) verwöhnen lassen. Kaum irgendwo schlürft man gediegener seinen *wee dram*, seinen ›kleinen Whisky‹, als unter den Highlander-Gemälden in der Bar, in der holzgetäfelten Bibliothek oder im pastellfarbenen *drawing room*.

***Pot stills* bei Glenfiddich**

EXTRA Tour 2

On the Borders – Geschichte in Moll im Walter-Scott-Land

Jeder kennt die historischen Romane von Schottlands großem Schriftsteller (1771–1832), ob ›Ivanhoe‹, ›Rob Roy‹ oder die Waverley-Romane um den Jakobitenaufstand. Schon im 19. Jh., als Theodor Fontane das Land bereiste, lockten diese Erzählungen wahre Besucherströme zu den Originalschauplätzen: Sir Walter hatte Unschätzbares für die schottische Fremdenverkehrsindustrie geleistet. Dies wurde auch dadurch unterstützt, daß er in King George IV. jene romantische Highland-Begeisterung der britischen Könige aus dem Hause Hannover weckte, die im 19. Jahrhundert Schottland zum ›In-Reiseziel‹ jedes guten Briten machte.

Die Borders, die sanft hügelige Grenzlandschaft im Süden von Edinburgh, sind das Herz des Walter-Scott-Landes. Hier wuchs er auf, nahm gleichsam mit der Muttermilch die Legenden, Spukgeschichten und Heldenballaden dieser geschichtsträchtigen Landschaft in sich auf, die er später seinem europäischen Millionenpublikum nahebringen sollte. Hier schrieb er ›Ivanhoe‹ und ›Rob Roy‹.

Das neogotische **Abbotsford House** (F 9),westlich von Melrose, ließ er 1822 errichten (Mitte März–Okt. Mo–Sa 10–17, Juni–-Sept. auch So, März–Mai, Okt. So nur 14–17 Uhr). Hier starb er auch. In diesem mit mehr oder weniger verbrieften Memorabilien und historischen Kostbarkeiten vollgestopften ›Abtshaus‹ – beispielsweise sind Rob Roys Börse, Flora MacDonalds Heiratsvertrag, Hose und Stock Scotts zu bewundern – besuchten ihn die Reisenden, besichtigten den Meister und sein museales Märchenschloß. Und wer die Zisterzienserabtei von Melrose (F 9/10), **Melrose Abbey,** mit ihrem filigranen Steinschmuck besichtigt, sieht sich mit Scotts in einem Gedicht verpackten touristischen Ratschlag konfrontiert: »... bei Mondenschein/Besuche Melros' und – tu es allein.« Heute erspäht der nächtliche Besucher die gotischen Ruinen nur durch Gitterstäbe, was den Seufzern und romantischen Schauern ein wenig Abbruch tut. Eingefleischte Scott-Fans übernachten in dem Farmhaus, wo Sir Walter seine Tochter besuchte (s. S. 64).

Bei Bemersyde liegt **Scott's View** (F 9), wo man des Meisters Lieblingsblick über kokosduftende Ginsterbüsche, einen weiten Tweed-Mäander und die sanfte Weidenlandschaft bis hin zu den Eildon Hills genießen kann. Ein schöner Spaziergang den Hügel im Rücken des Aussichtspunkts hinauf führt auf einsame, windige Schafweiden und zu einem anderen Aussichtpunkt, von wo einem das Herz der Borders zu Füßen liegt. Nach Scotts Tod hielt unten an der Straße sein vor den Leichenwagen gespanntes Pferd wie gewohnt an, bevor es seinen Herrn zur letzten Ruhestätte weiterzog: in die Ruinen der im 12. Jh. errichteten Prämonstratenserabtei von **Dryburgh** (F 10). Der stille, friedvolle Ort, eine von hohen Bäumen beschattete Parklandschaft in einer Tweed-Schleife, ist so romanhaft-romantisch als wär's aus einem Scott-Buch.

Die Borders sind das Land der vier großen Königsabteien – Melrose, Jedburgh (s. S. 61f.), Kelso (s. S. 62), Dryburgh – und der Schlösser. Überall war der berühmte Scott ein gern gesehener Gast. Ob unter den pastellfarbenen Stuckdecken des georgianischen eleganten **Mellerstain House** (F 9), einem Meisterwerk von Robert Adam (Mai– Sept. So–Fr 12.30–17 Uhr) oder im alten **Traquair House** (F 10), einem wohnlichen *tower house*, in dem heute jede Menge Stuart-Andenken gezeigt werden (April, Mai, Sept. 12.30–17.30, Juni–Aug. 10.30–17.30, Okt. Fr/Sa 12.30–17.30 Uhr). Im **›süßen Bowhill‹** (F 10), das den Scotts von Buccleuch gehörte, schrieb Sir Walter sein ›Lay of the Last Minstrel‹. Die kostbare Gemäldesammlung kann der zahlende Besucher heute allerdings nur im Juli besichtigen (13–16.30 Uhr). Gastfreundlicher ist da **Tibbie Shiels Inn** am St. Mary's Loch (E 10), wo Scott, Burns und andere Dichter einst tranken und disputierten. In einfachen Zimmern mit Privatbad und bei deftig-schmackhaftem Essen übernachtet man für 24 £ von Januar bis Dezember in literaturhistorisch bedeutsamem Ambiente (Tel. 017 50/422 31).

Hier hielt der Genius Hof: Walter Scotts Abbotsford House

Extra Tour 3

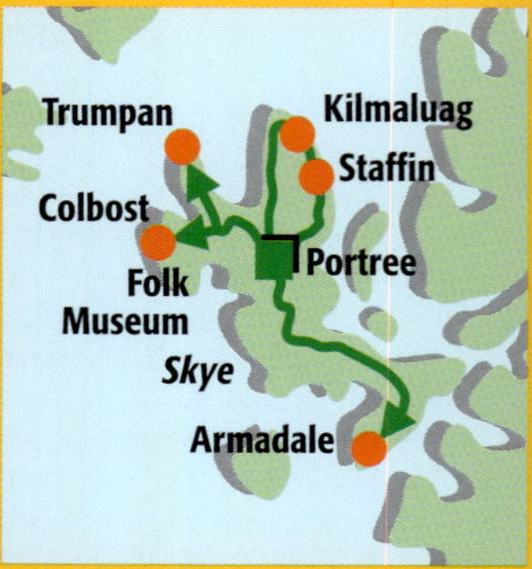

Reif für die Insel – over the Sea to Skye

Seit 1996 das Jahrhundertbauwerk der Brücke von Kyle of Lochalsh nach Kyleakin eröffnet wurde, ist Skye, die größte und wohl schönste der Hebrideninseln, mit einem Katzensprung zu erreichen (A/B 4/5, Adressen und Tips s. S. 72ff.). Bei den Einheimischen ist das Bauwerk des hohen Brükkenzolls wegen umstritten. Zu den vehementesten Kritikern zählte die bekannte Folk-Rockgruppe Runrig.

Das Hafenstädtchen **Portree** ist die Hauptstadt der *misty isle*, die für ihre Regenschauer und Nebelbänke und das unwirkliche, milchig-strahlende Licht berühmt ist. Im Aros Experience kann man sich einen Einblick in die Inselgeschichte verschaffen und gälische Kulturveranstaltungen besuchen (Viewfield Rd., tgl. 9–18 Uhr).

Eine Rundfahrt um die **Trotternish-Halbinsel** führt zu grandiosen Naturlandschaften. Vorbei am Fährhafen Uig kommt man nach Kilmuir mit seinem sehenswerten Folkmuseum (April–Okt. Mo–Sa 9–17.30 Uhr) und zu Flora MacDonalds Grab. Die auf Skye geborene ›Heroine der Highlands‹ verhalf dem in Frauengewändern verkleideten Bonnie Prince Charlie 1746 zur abenteuerlichen Flucht vor den Häschern König Georges II. und ins französische Exil. Im gastfreundlichen Flodigarry Country House Hotel kann man heute in den schick renovierten, nach ihren vielen Kindern benannten Flora MacDonald Cottages nächtigen, dem ehemaligen Sitz der MacDonalds.

Von hier ist es nicht weit zum wunderbaren, wanderbaren **Quiraing-Massiv.** Vom Parkplatz einige hundert Meter hinter dem Friedhof an dem Sträßchen von Staffin nach Uig beginnt der ausgetretene Pfad zu den hochaufragenden Basaltzacken mit den schönen Namen ›Nadel‹ oder ›Gefängnis‹. Etwa zwei Stunden sollte man sich Zeit nehmen für den Weg mit weiten Ausblicken über steile grüne Hänge und schimmernde Bergseen bis hin zum Meer. Etwas südlich von Staffin stürzen die **Mealt Falls** über eine senkrechte Klippe 40 m tief ins Meer. Im Hintergrund ragt der von Basaltsäulen ›umkleidete‹ **Kilt Rock** auf, der angeblich Schottlands berühmtem Männerrock ähneln soll. Noch weiter südlich scheint die ungeheure Felsnadel des **Old Man of Storr** gefährlich über dem dunklen Bergmassiv zu balancieren.

Vom Park des **Dunvegan Castle** aus, der mit vielen Clandevotionalien angefüllten Stammburg der MacLeods (März–Okt. 10–17.30, Winter 11–16 Uhr), schippern winzige Nußschalen zu den nahen Seehundfelsen – Auge in Auge findet man sich mit den scheuen Meeressäugern wieder. Im hübschen Weiler **Borreraig** auf der einsamen Duirinish-Halbinsel vermittelt das liebevoll eingerichtete Dudelsackmuseum einen Einblick in Geschichte, Musik und Herstellung von Schottlands melancholisch-schrillem Nationalinstrument (Ostern–Mitte Okt. 10–17 Uhr). Unheimliche und märchenhafte Feengeschichten sind auf der ›Nebelinsel‹ allgegenwärtig: So soll der Piper, der traditionell aus dem Clan MacCrimmon stammende Dudelsackspieler der MacLeods, über die Fairy Bridge ins Feenreich entschwunden sein – ein ›märchenhaftes‹ Restaurant finden Sie in **Stein** (s. S. 74).

Im Zentrum der Insel ragen die schroffen **Cuillins** in den oft regenverhangenen Himmel, eine von Sligachan Bridge oder Elgol aus gut zu sehende, aber nur für erfahrene Wanderer zu empfehlende Bergwelt. Der Süden mit seinen üppigen, im Mai und Juni lila blühenden Rhododendronwäldern gilt als der ›Garten von Skye‹. Im **Clan-Donald-Besucherzentrum** werden die MacDonalds, Erbfeinde der MacLeods von alters her, als die wahren Champions der gälischen Kultur gepriesen (Ostern–Okt. 9.30–17.30 Uhr). In der mittelalterlich angehauchten Cafeteria kann man einen schmackhaften Snack nehmen und anschließend im ›Ragamuffin Shop‹ am nahen Pier von Armadale nach ausgefallenen Strickwaren stöbern, bevor die Fähre einen wieder nach Mallaig und zum Festland übersetzt.

Wo fliegen sie denn? – Vogelbeobachter auf Skye

EXTRA Tour 4

Im Reich der Fische – die East Neuk in Fife

Crail ist der ungekrönte Höhepunkt der pittoresken Fischerhäfen Elie, St. Monans, Pittenweem und Anstruther, die sich wie Perlen auf einer Kette entlang der sanften Küste der East Neuk, der ›östlichen Ecke‹ von Fife, reihen (F 8, Tips und Adressen s. S. 35). Hier liegt eines der Gourmet-Zentren Schottlands, wo man köstliches, fangfrisches *seafood* speisen kann.

Crail besteht wie alle Örtchen hier aus zwei Teilen: der Oberstadt und dem Hafen. In der Oberstadt stehen am Marktplatz alte Steinhäuser und historische Gebäude wie das Rathaus, schottisch *tolbooth*, oder das Museum, das die Geschichte der *royal burgh*, der Königsstadt, erläutert (Ostern/Juni–Sept. Mo–Sa 10–13, 14–17, So 14–17 Uhr, sonst Sa/So 14–17 Uhr). Am aus Bruchsteinen gemauerten Hafenrund mit den engen, kopfsteingepflasterten Gäßchen und den pittoresk gestapelten Hummerreusen werden Fischbrötchen verkauft. Die Crailer betreiben fast nur noch den lukrativen Hummerfang – der Schellfisch, der als Wetterfahne den hübschen Turm des Rathauses ziert, ist nur noch eine Erinnerung an vergangene, aktivere Zeiten.

Vom Hafen von Crail aus führt ein entspannender, etwa eineinhalbstündiger Küstenspaziergang nach Anstruther. Über Felsplatten geht es an fotogen verwitterten Sandsteinformationen und den **Cailpie Caves** mit Höhlen und durchgespülten Spalten vorbei. Draußen auf dem Meer verschwimmen im Seedunst die Konturen der Isle of May, ein Vogelschutzgebiet, zu dem von Anstruther aus Ausflugsboote schippern.

Anstruther ist einer der wenigen Häfen an der Küste, in denen noch richtig Fischfang betrieben wird. Die farbenprächtigen Kutter liegen im Hafen vor der schönen, von bunten Häuschen gesäumten *seafront*. Hier verkauft einer der besten Fish 'n' Chipper den landesüblichen Bratfisch und die gewöhnungsbedürftigen Kartoffelschnitze mit *vinegar*, Essig: Ein freundlicher Plastik-Seemann in gelber Ölhaut lotst einen in die fast schon legendäre Anstruther ›Fish Bar‹. Im sehenswerten, stilecht in alten, weißgetünchten

Fischerhäusern untergebrachten **Scottish Fisheries Museum,** das 1968 aus einer lokalen Initiative heraus entstand, sieht man, wie und mit wieviel Plackerei und Gefahr seit 200 Jahren der Fisch gefangen wird. Zum Museum gehören auch die beiden Kutter ›Fife‹ und ›Zulu‹ im Hafen (April–Okt. Mo–Sa 10–17.30, So 11–17 Uhr, Nov.–März bis 16.30 Uhr).

In Anstruther kann man indes auch besser – und teurer – als im Take-away Fisch essen. Seit über 20 Jahren ist ›The Cellar‹ in den verwinkelten Gassen hinter dem Fischereimuseum eine Topadresse für Menschen mit anspruchsvollem Gaumen. Beim Schein von Kerzen und prasselnden Kaminfeuern – ohne Zigarettenqualm – und in edel-rustikalem Ambiente wird der frisch von den Kuttern angelandete Fisch schonend gegart und mit köstlichen Saucen verfeinert: Krebse, Hummer, Jakobsmuscheln, Heilbutt, Engelbarsch u. v. m. Eine ausgezeichnete Weinkarte macht den Genuß vollkommen.

In südlicher Richtung an der Küste entlang kann man weitere attraktive Hafenörtchen besuchen: **Pittenweem,** ein noch aktiver Fischereihafen, **St. Monans,** wo es eine sehenswerte Fischerkirche in der Oberstadt zu besichtigen gibt, und **Elie** mit schönem Sandstrand, guten Surfrevieren und dem urigen ›Ship Inn‹.

Im Hinterland lockt **Kellie Castle,** ein im 19. Jh. von der Lorimer-Familie im neogotischen Stil restauriertes, von außen sehr trutzig wirkendes *tower house* aus dem 14.–16. Jh. Der Garten mit den alten Rosensorten, die kostbaren Stuckdecken aus dem 17. Jh. und das anrührende viktorianische Kinderzimmer sind die besonderen Attraktionen (Burg Ostern, Mai-Sept. tgl. 13.30–17.30 Uhr, Okt. nur Sa und So; Garten und Park April–Okt. tgl. 9.30–19, Nov.–März 9.30–16 Uhr).

Eine der schönsten Treppen Schottlands führt zum Crailer Hafen

Extra Tours

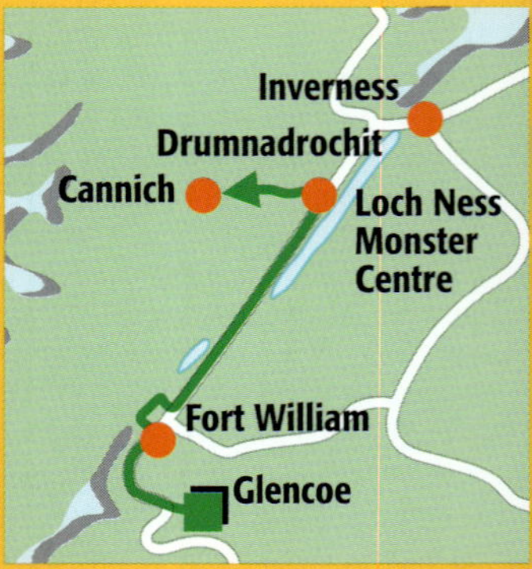

Bergeinsamkeit – unterwegs in den schönsten Regionen der Highlands

Wer die A 82 vom Loch Lomond hoch in die Highlands fährt, kommt durch menschenleere, weite Täler, vorbei an abweisenden Munros – Berge über 3 000 Fuß – und durch die mit zahllosen Tümpeln und Seen übersäte Moor-Ödnis von Rannoch Moor. Dann treten die Berge noch enger an die Straße heran, und wir kommen durchs **Glencoe,** Schottlands Schicksalstal (C 7). Hier massakrierte Robert Campbell von Glenlyon im Winter 1692 40 Mitglieder des Clans der MacDonalds von Glencoe auf königlichen Befehl. Im Besucherzentrum von Glencoe sollte man sich die sehr sachliche Dokumentation zu diesem einschneidenden Ereignis ansehen, das symbolhaft für die englische Unterdrückungspolitik in den Highlands im 17./18. Jh. ist (April–Ende Mai, Sept./Okt. 10–17 Uhr, Ende Mai–Aug. 9.30–17.30 Uhr).

Doch die wilde Bergeinsamkeit des Glencoe ist nicht nur ein Ort düsterer Erinnerungen, sondern auch ein Paradies für erfahrene Wanderer – nicht für Sonntagsspaziergänger. In den weiten Tälern sieht man Rotwild, Wildkatzen, Schneehühner und, wenn man Glück hat, Goldadler. Das Besucherzentrum offeriert in den Sommermonaten einen Ranger-Service für geführte Wanderungen sowie Routeninformationen.

In **Fort William** (C 6) holt einen die Zivilisation in Gestalt von Souvenirläden mit Plüsch-Haggis und karierten Tassen ein. Die Touristenstadt liegt wunderschön am Ufer des langgestreckten Loch Linnhe. Im Osten ragt der mit 1 343 m höchste Berg Großbritanniens auf, der Ben Nevis, ein Eldorado für trainierte Wanderer. *Busy*, in der Saison überlaufen, hat die Stadt keine rechten Sehenswürdigkeiten, ist aber ein bequemes Standquartier für die Erkundung der Highlands und die weltberühmte ›Road to the Isles‹ (s. S. 48).

Etwas nördlich von Fort William, oberhalb des Wandererortes Spean Bridge, liegt an der A 82 das vielbesuchte **Commando Memorial** (C 6), ein Gefallenendenkmal mit schönem Blick auf den Nevis. Nicht weniger betriebsam ist es im kleinen **Fort Augu-**

stus (C 5, s. S. 48) mit seiner immer von Schaulustigen umlagerten Schleuse des Caledonian Canal.

Mönche der Benediktinerabtei am Südzipfel des **Loch Ness** (C/D 5), Schottlands wohl bekanntestem See, wollen Nessie dort mehrfach gesichtet haben. Die romantische Ruine des **Urquhart Castle** (D 5) ist der Ort mit der größten Häufung von Ungeheuer-Sichtungen im Lauf der Jahrhunderte (April–Sept. 9.30–18.30 Uhr, Okt.–März 9.30–16.30 Uhr). Die seriöse ›Official Loch Ness Monster Exhibition‹ in Drumnadrochit berichtet über die mehr oder weniger wissenschaftlichen Unternehmungen, das unbekannte Tauchobjekt dingfest zu machen, und läßt es möglich erscheinen, daß Nessie oder besser eine Herde von Nessies überlebende Dinosaurier aus der fischfressenden Spezies der Plesiosaurier sind (Okt.–Ostern 10–16 Uhr, Ostern–Sept. 9.30–17.30 Uhr, Sommer noch länger). Mit Bötchen geht es von Fort Augustus oder Drumnadrochit auf Monstersafari, und für die Kleinen gibts Monstereis.

Wem das zu viel und zu voll wird, sollte die Wanderstiefel schnüren. Ca. 20 km westlich von Drumnadrochit auf der A 831 kommt man nach Cannich, von dort führt ein winziges Sträßchen noch einmal etwa 15 km südwestlich am River Affric entlang ins verwunschene **Glen Affric** (C 5). Wo die Straße endet, sind zahlreiche, auch kurze und rundum führende Wanderungen angezeigt. Hier findet man sich schon nach kurzer Zeit in absoluter Hochlandeinsamkeit unter den selten gewordenen *Scots pine*, der schottischen Kiefer, und Birken wieder. Rundum türmen sich die Bergketten. Und wie still es sein kann, wenn in der Ferne nur der Wind und kein Autolärm rauscht, mag der Städter kaum glauben.

Die Suche hat ein Ende – the monster of Loch Ness

Impressum/Fotonachweis

Fotonachweis

Titelbild: Der Duke of Argyll vor dem Stammschloß Inveraray Castle
Vignette S. 1: Schäfer an der Westküste
S. 2/3: Eilean Donan Castle
S. 4/5: Highland Games in Stirling
S. 26/27: Stein auf Skye

Jo Röttger/Visum, Hamburg: Titelbild
Walter Schmitz/Bilderberg, Hamburg: S. 1, 2, 7, 50/51, 70/71, 78/79
Dorothea Schmid/Bilderberg, Hamburg: S. 4/5, 19, 31, 57, 89
Heiko Specht/laif, Köln: S. 8, 33, 34, 44, 45, 49, 63, 69, 73, 75, 93
Susanne Tschirner, Niederkassel-Rheidt: S. 10, 26/27, 37, 41, 46, 53, 65, 72, 77, 81, 85, 87, 91
Wolfgang Kunz/Bilderberg, Hamburg: S. 18, 60

Kartographie: Berndtson & Berndtson Productions GmbH, Fürstenfeldbruck, © DuMont Buchverlag

Alle in diesem Buch enthaltenen Angaben wurden von der Autorin nach bestem Wissen erstellt und von ihr und dem Verlag mit größtmöglicher Sorgfalt überprüft. Gleichwohl sind inhaltliche Fehler nicht vollständig auszuschließen. Ihre Korrekturhinweise und Anregungen greifen wir gern auf. Unsere Adresse: DuMont Buchverlag, Postfach 101045, 50450 Köln. E-Mail: reise@dumontverlag.de

Die Deutsche Bibliothek – CIP-Einheitsaufnahme
Tschirner, Susanne:
Schottland / Susanne Tschirner. – Ausgabe 2000
- Köln : DuMont, 2000
(DuMont Extra)
ISBN 3-7701-5144-5

Grafisches Konzept: Groschwitz, Hamburg

Druck: Rasch, Bramsche
Buchbinderische Verarbeitung: Bramscher Buchbinder Betriebe
ISBN 3-7701-5144-5

Abbotsford House **86**
Aberdeen 15, 18, 23, 24, **28ff.**
Alloway **31f.**
Anstruther **35, 90f.**
Arbroath 38
Ardnamurchan 48
Ardvreck Castle 79
Arisaig 48, 49
Armadale 74, 89
Aviemore **32ff.**

Ballater **33f.**
Balmoral Castle 33
Banavie 48
Banff 47
Bannockburn 11, 76
Ben-Cruachan-Kraftwerk 65
Blair Castle 67
Borders 8, 14, 15, 18, **86f.**
Bowhill 87
Bridge over the Atlantic 65
Brodie Castle 60
Broughty Ferry 38, 39

Caerlaverock Castle 37
Callander **34ff.**
Castle Campbell 76
Cawdor Castle 60
Central Belt 8f., 9
Clava Cairns 60
Colbost 74
Commando Memorial 92
Craigellachie 84
Craigievar Castle **33**
Crail **35, 90**
Crathes Castle 33
Crinan **35f.**
Crovie 47
Cuillins 89
Culloden 11, 60
Culross 42
Culzean Castle 31f.

Dollar 76
Dornoch **36**
Drumlanrig Castle **36**
Drum Castle 33
Dryburgh 87
Dufftown 84
Dumfries 8, **37f.**
Dundee **38f.**
Dundrennan 63
Dunfermline 42
Dunkeld 66
Dunnet Head 78
Dunnottar Castle 29
Dunrobin Castle 36
Dunstaffnage Castle 65
Dunvegan 19
Dunvegan Castle 74, **89**

Edinburgh 9, 14, 15, 19, 22, 23, 24, 25, **39ff.**, 85
Elgin 47
Eilean Donan Castle 4, 6, 68
Elie 35, **91**

Falkland **47f.**
Falls of Measach 79
Fort Augustus **48, 92f.**
Fort George 60
Fort William 18, 19, 23, **48f.**, **92**

Gairloch **49ff.**
Gardenstown 47
Glamis Castle **52**
Glasgow 9, 14, 18, 19, 23, 25, **52ff.**
Glen Affric 93
Glencoe 92
Glenfiddich-Destillerie **84**
Glenfinnan Monument 48
Glenlivet-Destillerie **85**
Grey Cairns of Camster 78

Hermitage Castle 62
Highlands 14, **92**
Highland Wildlife Park 19
Hill o'Many Stones 78

Inveraray **59f.**
Inverewe Gardens 50
Inverness 23, 24, **60f.**

Jedburgh **61f.**
John o'Groats 78

Keith 84
Kellie Castle **91**
Kelso **62**

Register

Kilchurn Castle 59
Kildrummy Castle, Hotel 34, **85**
Kilmartin Valley 35
Kincraig 19
Kintyre 77
Kirkcudbright 8, **62ff.**
Kyle of Lochalsh 24

Leith 42, 45, 46
Leven Castle 48
Linlithgow 42
Loch Assynt 79
Loch Katrine 34
Loch Lomond 6, 54
Loch Ness 6, 61, **93**
Lowlands 8

Mallaig 48
Malt Whisky Trail 47, **84f.**
Mealt Falls 88
Meigle 52
Mellerstain House 87
Melrose **64**, 86
Melrose Abbey **86**

New Abbey **64f.**
New Lanark 54f.

Oban **65f.**
Orchardton Tower 63

Pennan 47
Perth 14, **66f.**
Pitlochry **67f.**
Pittenweem **91**
Plockton **68f.**
Port Appin **69**
Portree 73, **88**

Queen's View 67
Quiraing-Massiv **88f.**

Road to the Isles 48
Rothes 84

St. Andrews **70ff.**
St. Monans **91**
Scone Palace 66
Scott's View 87
Scrabster 79
Sea Life Centre 65
Skye 48, **72ff.**, **88f.**
Solway 18, 63
Stacks of Duncansby 78
Stirling 25, **75ff.**
Strathisla-Destillerie **85**

Tarbert **77f.**
Tibbie Shiels Inn **87**
Threave Castle 63
Threave Gardens 63
Thurso 24, **78f.**
Torridon-Massiv 50
Traquair House 87
Trossachs 34ff.
Trotternish-Halbinsel 88

Ullapool **79f.**
Urquhart Castle **93**

Wanlockhead **80f.**